Projektbeispiele und wissenswerte Ideen: für Dich
Dieses Buch ist auch als E-Buch unter dem selben Titel vorhanden
Als E-Buch ist das Buch komplett vorhanden, hier ist die verkürzte Version

In diesem Buch werden vielerlei unterschiedliche Quellen und Empfehlungen genannt (bei jeder einzelnen Quelle wird jedoch KEINE WERBEPROVISION mitverdient). Es handelt sich um Quellenangaben und Empfehlungen (jedoch um keine Werbung).

Dieses E-Buch darf gerne weiter gegeben (geteilt) werden oder es darf empfohlen werden, **falls es die technischen Gegebenheiten nicht zu lassen, dieses E-Buch direkt zu teilen.**

Anmerkung und Einleitung

In diesem E-Buch geht es um sehr viele unterschiedliche Beiträge, die von den oben genannten Internetseiten abgeleitet sind. Auf den oben genannten Internetseiten gibt es vielerlei weitere verschiedene Themengebiete zum ansehen, anhören und lesen.

Die Beiträge die in diesem E-Buch noch einmal ausführlich und übersichtlich in einem einzigen E-Buch zusammen getragen werden, sind meine Beiträge, hierbei **geht es um vielerlei verschiedene Themengebiete**.

Natürlich kommt keines der genannten und beschrieben Themengebiete zu kurz.

Es geht vor allem um „Philosophie", „Menschlichkeit", „Gute und neue Ideen", „Hilfreiche Empfehlungen", „Beispiele und Aufzählungen für eigene Projekte", „Psychologie", „Computer", „den automatischen Handel", „den manuellen Handel", „den Kopierer Handel, aus dem Bereich: sozialen Handel (Scharmanlagefonds)" und noch viele weitere Themengebiete.

Die meisten Inhalte sind auf den Internetseiten kostenfrei verfügbar.
Es stammen jedoch alle Artikel von dem Autor dieses E-Buchs
(siehe http://wirfinit.de). Verlinkungen stammen nicht vom Autor (die Links, sind meistens fremde Seitenlinks, manchmal jedoch auch Seitenlinks die zum Autoren gehören.

In diesem E-Buch geht es um allgemeines, aber auch um viele Beispiele und Hinweise auf sehr vielen verschiedenen Themengebieten.

Die Hinweise müssen alle unbedingt beachtet werden. Alle Schriften, Publikationen, Beispiele, Empfehlungen, Verlinkungen und so weiter, rufen NICHT DAZU AUF bestimmte Dinge (Projekte) in die Tat umzusetzen. Vor allem müssen Sie vorab selbst unter vielen verschiedenen Quellen recherchieren und sich genauer informieren, wenn Sie beabsichtigen bestimmte Projekte umzusetzen, die empfohlen und beschrieben werden.

Lesen Sie immer erst einmal alles in Ruhe durch, bevor Sie jeweils Ihre eigenen Entscheidungen treffen. Um so besser und genauer Sie informiert sind, über die verschiedensten Themengebiete, desto besser und vor allem immer friedlich gehaltene Entscheidungen können Sie für sich selbst, aber auch Ihr gesamtes Umfeld (alle Mitmenschen, weltweit) treffen.

Nun aber viel Spaß beim übersichtlichen durch lesen dieses E-Buches.

Gesamt gesehen:
Ein sehr großes und ausführlich angelegtes Projekt, somit ist für jeden etwas dabei. Sehr wissenswert und interessant, schau auch Du mal vorbei und informiere Dich, finde neue, relevante und interessante Themengebiete, lerne daraus etwas (neues) dazu und bilde Dich selbst, dadurch auch etwas weiter.

Aufgrund der Größe und Menge an Text, Dateien und Videos, kann es zu etwas längeren Ladezeiten, der jeweiligen Internetseiten und Blogs kommen diese Ladezeiten, liegen (derzeit) im Bereich von 15 Sekunden bis zu 1 Minute, diese Zeit kann sich auch ausdehnen auf 2 Minuten, das warten lohnt sich allerdings. Wichtig: Falls etwas nicht funktionieren sollte, verwenden Sie bitte (wie oben erwähnt) einen anderen (alternativen) Internetbrowser oder laden Sie sich (falls das noch nicht der Fall sein sollte) das neueste Update Ihres derzeit, verwendeten Internetbrowsers herunter.

Auf dieser Seite (http://wirfinit.de), geht es NICHT NUR um die Wirtschaft, Finanzen und IT **das waren lediglich die Anfänge, bei dem Projektstart der gesamten angebotenen Internetprojektseiten, Blogs, Artikel, Beiträge, Ideen, Beispiele und Hinweise.**

Einfach vorbei schauen, in aller Ruhe durchlesen, ansehen, anhören und viele verschiedenartige (vor allem auch NEUARTIGE) sehr interessante und wissenswerte Themengebiete kennen lernen.

Ebenso werden auch andere interessante Internet- und Blogseiten aufgezeigt, die je nach (sehr vielen verschiedenen) Interessensgebieten einfach mal angesehen werden können.

Außerdem ist die Seite (http://sichtblick.com) sehr zu empfehlen, da diese ebenso sehr viele verschiedene Möglichkeiten, Ideen, Beispiele und Empfehlungen aufzeigt.

Wichtig:
Der rechte Mausklick ermöglicht das direkte lesen in dem die Dateien, in "einer neuen Registerkarte" oder "einem neuen Fenster" oder "einem neuen Tab" geöffnet werden, gilt für Rechtshänder, für alle Linkshänder, ist es eben genau anders herum. Falls die Dateien normal (mit einem linken Mausklick) geöffnet werden, kann danach wieder die Seite "http://wirfinit.de" aufgerufen werden oder über die "Zurück Buttons" in den jeweiligen Browsern, meist oben im linken Eck (als Pfeilsymbole dargestellt) zurück navigiert werden.

Hinweis:
Funktionieren die hier und auf allen anderen Projektseiten angebotenen: Download- und Lesedateien nicht, versuchen Sie es bitte **mit einem anderen Internetbrowser**.

Was ist ein Internetbrowser? Hierzu folgen weitere Informationen direkt hier unter dem Wort "**ANMERKUNG**", denn in den meisten Fällen **hilft die Verwendung eines anderen Internetbrowsers. Hier wirkt eine Alternative: Wunder.** Probieren Sie **(nach Bedarf, wenn Sie möchten) die 5 besten Browser** aus.

ANMERKUNG:
Welcher Internetbrowser ist für Ihre eigenen und individuellen Zwecke am aller besten geeignet?

http://www.trendsderzukunft.de/browser-vergleich-10-schnellsten-besten-internet-browser/2013/08/29/

http://www.trendsderzukunft.de/wp-content/uploads/2013/08/Browser-Vergleich-Die-10-besten-Browser-im-Vergleich.jpg

Es handelt sich um freie, aber dennoch sehr zeitintensiven Blogger Arbeiten. Alle Recherchen, eigenen Ideen (**Artikel/Beiträge**), Beispiele, Empfehlungen und Unterhaltungen sind zur freien Meinungsbildung, eigenen Hobbysuche und für die Erweiterung seiner eigenen Interessen, Hobbys und Nebenjobs durchdacht und ausgearbeitet worden.

Hinweise:
Für alle gezippten Dateien gilt, das diese nicht immer (unter Umständen) auf mobilen Geräten heruntergeladen werden können. Nicht gezippte Dateien können ohne Probleme gelesen werden. Funktioniert das Öffnen von bestimmten Dateien nicht, handelt es sich um gezippte Dateien (Dokumente) oder um das Öffnen und/oder Herunterladen zu ermöglichen, sollte ein anderer Internetbrowser versucht (genutzt) werden. In den unten stehenden Beiträgen wird noch einmal genauer auf diese technischen Gegebenheiten eingegangen.

Das gesamte Projekt steht alleine zur Wissenserweiterung, in Form von Beispielen, Empfehlungen, Ideen und aber auch in Form von Unterhaltung. Es muss nicht alles stimmen und auch **nicht immer schön sein, denn:** In Kinofilmen, Sendungen, Zeitungen, dem Fernsehen (**beispielsweise: Serien, Dokumentationen, Werbung und Sendungen**),
aber auch auf öffentlichen Werbeplätzen (Werbeplakaten) ist auch nicht immer alles angenehm, schön und Glücksfördernd.

Letztendlich möchte ich mit diesen Projektideen, den Projektseiten und allen weiteren Publikationen: Mehr Wissen, Verständnis für einander, Friede, Freiheit, Brüder- und Schwesterlichkeit, vor allem aber ein Höchstmaß an Menschlichkeit erzeugen, fördern, unterstützen und ermöglichen, dies mache ich eben in Form, meiner Beiträge, Seiten, Blogs, Empfehlungen, Wissenserweiterungsansätze, Beispiele, Gedankengänge, Ideenanregungen und so weiter. Jeder und Jede sollte etwas tun, um das Für- und Miteinander mehr zu fördern. Hierbei ist die Herkunft, Nation, Hautfarbe, Religion, friedlich gehaltene und aber auch gut begründbare Meinung und Ansicht völlig belanglos. Alleine schon aus dem Grund: Wir haben allesamt viel mehr Gemeinsamkeiten, als Unterschiede. Lasst uns aus diesem Grunde, die Gemeinsamkeiten suchen und finden. Lasst uns einen Mittelweg gehen. Lasst uns gegenseitiges Verständnis für einander, entwickeln. Lernt Euch zur respektieren, gut und friedlich zu sein und vor allem aber auch zu bleiben. Schätz und lernt den Wert kennen, das wir gemeinsam viel mehr erreichen, als immer wieder von vorne uns stumpfsinnig und blöde gegenseitig aufhetzen, ausspielen, teilen und keilen zu lassen.

Verständnis kann nur durch VERSTEHEN ZUSTANDE KOMMEN, auch deshalb ist dieses Projekt erdacht, konzipiert, geplant und umgesetzt worden.

Es ist und bleibt einfach das aller wichtigste, etwas ganz anderes und neues zu wagen, etwas das sinnvoll und friedlich für jeden Mitmenschen umgesetzt werden kann, also: Zusammenhelfen, zusammen austauschen, gegenseitig Wissen und Erfahrungen von einander erlernen und erfahren.

Anstatt uns, wie schon des öfteren in unserer traurigen, zurückliegenden Geschichte geschehen ist: Teilen, Keilen, Ausspielen und aufhetzen zu lassen. Ich persönlich, für meinen Teil habe darauf einfach keinen Bock mehr und Ihr, so hoffe ich: AUCH NICHT!

Also lernt etwas neues kennen und versteht vor allem diese neuen Erfahrungen, Beispiele, Ideen, Beiträge, Artikel, Ratschläge und Empfehlungen: Auch wenn mal etwas nicht ganz in Euer, derzeitiges Denken, Eure derzeitige Meinung und Ansicht passen mag. Ist es überaus interessant, hilfreich und wichtig auch von anderen Mitmenschen, mit anderen Meinungen und Ansichten etwas zu erfahren.

Es handelt sich eben um vielerlei unterschiedliche Meinungen.

Die Meinungen des Autors, werden hierbei NICHT IMMER getroffen,
die Meinung des Autors, ist: Ein Mittelweg und Kompromissfindungen (auch zum Meinungsaufbau) aus allen vorhandenen Meinungen, Ansichten, Richtungen, gehörten und gelesenen Informationen (Nachrichten), die friedlich sind und einen respektvollen Umgang mit allen Mitmenschen ermöglicht, sind sehr hilfreich, wissenswert, relevant und für uns alle (jeden Mitmenschen weltweit) **mehr als Gemeinwohl und Glücksfördernd.**

Lesen Sie diese Startseite genauer durch, es ist sehr gut investierte Zeit. Außerdem reichen (je nach Lesegeschwindigkeit) 10 bis 30 Minuten aus, um diese Startseite genauer zu lesen. Außerdem können diese Texte (meist, je nach Betriebssystem) auch mit der Computer Audioausgabe, bestimmten Apps und sonstiger Software vorgelesen werden, falls es nicht gelesen, aber trotzdem gerne gewusst werden möchte.

Alles anderen Projektseiten sind ebenso zu empfehlen und sehr relevant, wissenswert, brauchbar, überaus nützlich, unterhaltsam und sehr gut zu wissen. Die Zeit zum lesen, für alle Projektseiten, damit jede und jeder verstehen kann, weshalb, warum und wofür, diese Arbeiten gut sein sollen, ist sehr sinnvoll genutzte Zeit. Entscheidend ist doch das Wissen und das durch verstehen, Verständnis resultiert.

Durch Hoffnungslosigkeit, Armut und keine, zu wenig, unwahre und/oder komplett falsche Informationen (Propaganda), resultiert immer wieder von vorne nur Hass, Hetze, Neid, Leid, Trauer, Krieg(e), Missverständnisse, Ausspielungen, Unwissen und so weiter. Also nichts gutes.

Meine Interessen sind überaus vielfältig.

Die Wirtschaft, Finanzen und IT interessiert mich besonders.

Trotzdem muss (meiner Meinung nach) immer der (Mit)Mensch im Vordergrund stehen. Soll heißen (meine Meinung): Zuerst der Mensch, dann die Profite und das Gewinne scheffeln.

Oder auch noch viel besser gesagt und umschrieben:
Mit allen Mitmenschen gemeinsam Profite machen und dennoch die Umwelt, Natur und Tierwelt im großen Maße schonen. Eben ab einer gewissen Schwelle, den Schlussstrich ziehen.

Es dürfen nicht alle Schwellen überschritten werden, sonst geht alles den Bach runter.

Win-Win-Situationen müssen nicht nur für alle Mitmenschen immer weiter auf- und ausgebaut werden, sondern insbesondere auch für die Natur, Um- und Tierwelt. Also damit ist gemeint: Alles in Maßen ist in Ordnung, aber übermäßig viel, gibt Probleme und zwar auf allen einzelnen Seiten: Bei den Konsumenten, den Unternehmern, der Umwelt, Natur und Tierwelt.

"Weniger ist mehr" und "einen Mittelweg gehen", ist das aller beste, was jede und jeder tuen kann.

Alle Empfehlungen spiegeln NICHT die Meinung(en) des Autors und des Internetseitenbetreibers wieder. Es ist als Anregung zu verstehen, welche Sichtweisen und Meinungen es noch so gibt (von unseren Mitmenschen).

Es soll durch dieses Projekt etwas total neues, friedliches, mit- und einfühlendes resultieren, jedem (friedlichen) Mitmenschen gegenüber. Es soll dadurch Menschlichkeit, Güte, Herzlichkeit und Verständnis gefördert, unterstützt und vor allem ermöglicht werden, für den Ausbau von großem Verständnis (durch verstehen), die Brüder- und Schwesterlichkeit für jeden friedlichen Mitmenschen.

Beachten Sie die Hinweise (Projekt_fuer_unseren_Fortschritt-WICHTIGE_HINWEISE)
auf dieser Seite, lesen Sie sich die Texte in Ruhe durch.

Es geht um sehr viele verschiedene Themengebiete. Nicht "nur" um die Wirtschaft, die Finanzen, das System und die Informationstechnologie, sondern um "Philosophie", "Relevantes", "Innovatives", "Ideen", "Projektbeispiele", "Projekteinsichten" und noch viel mehr.

Besuche gerne auch die Internetseiten und/oder schaue auch mal in die anderen vorhandenen (E) Bücher von dem gesamten Projekt „wirfinit.de", „sichtblick.com" und „wissen-hilft-uns-allen.de". Viel Spaß dabei. Ich freue mich wenn ich weiterhelfen konnte, oder aber auch nur etwas schönes, interessantes, spannendes, unterhaltsames, hilfreiches und/oder lustiges vermitteln und/oder empfehlen durfte.

Auf dieser Seite (http://wirfinit.de und allen anderen Partnerseiten von http://wirfinit.de) und allen anderen Projektseiten geht es NICHT NUR um die Wirtschaft, das System und die Finanzen, die Themengebiete und Wissensfelder sind sehr vielfältig ausgewählt worden. Beispielsweise geht es auch noch verstärkt um "Philosophie", "Werte", "Menschlichkeit", "Güte", "Fotografie", "Natur", "Tierwelt" und so weiter.

Trotzdem hier noch einmal verstärkt die Hinweise, mehr zu Trading und Finanzen zählend:

Es gibt eine Menge verschiedener Handelsstrategien (falls jemand handeln möchte). Die Risiken und Chancen sollte bedacht werden. Gelder sollten nur als Hobby-/Spielgeld einbezahlt werden. **Es ist sehr empfehlenswert (je nach eigenem Bedarf) noch einmal bei einem Finanz-, Anlage-, Honorar- und/oder Bankberater genauere Informationen einzuholen, wenn gehandelt werden soll.**

Es kann auch mehr als das eingezahlte Geld verloren gehen, wenn mit viel zu hohen Hebeln gehandelt wird oder aber auch über das Wochenende und/oder bei größeren Gaps (Kurslücken) und/oder bei unvorhergesehenen Marktreaktionen und/oder aber auch allgemein zu jedem erdenklichen Zeitpunkt.

So ein Beispiel von einer unerwarteten Marktsituation ist ganz klar, unerwartete Staatsanleihen Aufkäufe durch eine oder mehrere diversen Zentralbanken, aber auch externe (von außen kommende Angriffe) auf ein Wirtschafts- und Währungssystem (aus welchem Grund auch immer).

Es gibt somit sehr viele Möglichkeiten, von unvorhergesehenen Marktreaktionen.

Weitere Hinweise hierzu: Interessantes, relevantes, wichtiges, brauchbares und aber auch Apps und verschiedene Internetseiten in diesen (verschiedenen) Dateien.

Diese nachfolgenden Dateien können mit einem linken oder rechten Mausklick darauf geöffnet werden, um diese dann in Ruhe ansehen zu können.

Sollten sich diese Dateien nicht öffnen lassen, wird ein anderer "Browser" benötigt, was genau ein Browser ist finden Sie in diesem Artikel.

Unabhängige Artikel, Berichte, Beispiele, Ideen und Empfehlungen! Entscheide selbst was Du glaubst und was nicht!! Mache selbst und/oder auch mit anderen Mitmenschen (Freunde, Bekannte, Verwandte und-so-weiter) etwas vernünftiges, positives und friedliches!!!

Lerne das nicht alles wahr sein muss oder auch das nicht alles wahr ist. Recherchiere gut und begreife, im großen und ganzen zu denken!

Alle sind wir gleich und dennoch unterscheiden wir uns, durch verschiedenes Verhalten und andere Interessen, aber auch andere Meinungen!! Das ist alles überhaupt kein Problem, wenn es friedlich bleibt und wir alle dennoch, trotz sehr wenigen unterschieden Zusammenhalten, Friedlich bleiben, Zusammenhelfen und Zusammenarbeiten!!!

Macht nicht immer wieder die selben Fehler von vorne: SCHERT NIEMALS ALLE ÜBER EINEN KAMM, NUR WEIL DIESE JEWEILIGEN MITMENSCHEN, ZUFÄLLIG AUS DIESEM LAND KOMMEN UND/ODER DIESE BESTIMME RELIGION LEBEN!! Bleibt friedlich und versteht mehr.

Denkt immer im großen und ganzen. Eine einzige Quelle ist einfach (viel) zu wenig, ob die Wahrheit herauszufinden, aber auch mehrere unterschiedliche Quellen helfen oft überhaupt nicht weiter. Deshalb ist es sehr wichtig einen Mittelweg zu gehen, friedlich zu bleiben und von vornherein erst einmal gar nichts (bis möglichst wenig) zu glauben. Jeder entscheidet, alles selbstverständlich selbst, aber hier geht es um gut gemeinte Ideen, Beispiele und Empfehlungen, damit Ihr, besser gesagt: WIR ALLE, GEMEINSAM, DURCH DEN ZUSAMMENHALT WEITERKOMMEN!!

Lernt möglichst viel RELEVANTES, WICHTIGES, WISSENSWERTES
UND INTERESSANTES.

Fragt EUCH immer SELBST:
WIE KOMMT ES ZU DIESEN GESCHEHNISSEN?
WARUM GESCHIEHT DAS SO, WIE ES GESCHIEHT?
WARUM WIRD NICHT EINMAL ETWAS ANDERES GETAN?
WER PROFITIERT WIRKLICH, VON DIESEN GESCHEHNISSEN?
WARUM FINDET MAN KEINE GUTEN KOMPROMISSLÖSUNGEN?
WARUM WIRD IMMER WIEDER, ALL DAS NEGATIVE WIEDERHOLT?

Mehr Zusammenhalt. Mehr Güte. Mehr Verständnis. Mehr Rücksicht. Mehr Mitgefühl. Mehr Einfühlungsvermögen. Mehr Einklang mit der Natur. Mehr Einklang mit allen Mitmenschen. Mehr Ruhe. Mehr Gelassenheit. Mehr Verstand. Mehr Philosophie. Viel mehr im großen und ganzen denken. Um: gemeinsam (viel) weiter zu kommen, als jemals zuvor, nicht nur technologisch gesehen, sondern vor allem auch Menschlich, Ethisch, Sozial, Spirituell, Fühlender, Ruhiger, Relaxender, Meditierender, Verständnisvoller und so weiter.

VIEL WENIGER (ODER KEINE) ABLENKUNG! WENIGER (ODER KEINE) BEEINFLUSSUNG UND VORGEKAUTE MEINUNGEN ÜBERNEHMEN!!

Wie oben schon erwähnt:

DIE EVOLUTION (Kompromisslösungen finden, ausarbeiten und umsetzen, bei denen jeder Mitmensch weltweit viel mehr profitiert), IST VIEL BESSER, ALS DIE REVOLUTION!!

Die Empfehlungen aller Projektseiten, sind für Euch, extra ausgearbeitet worden, damit Ihr jeweils, für Euch, damit mehr oder weniger anfangen könnt. Ich hoffe Ihr nehmt Euch etwas zu Herzen und setzt vielleicht auch ein Projekt, mit Euren Verwandten, Bekannten und sehr guten Freunden um, wenn Ihr das eben auch wirklich, von Euch aus machen möchtet.

Es ist immer ein Unterschied zwischen:
Mit eigenem Geld spielen und/oder investieren ODER mit fremden Geld.

Zwischen extrem viel und hohe Gewinne (ÜBERTRIEBENE EIGENE EGOISTISCHE BEREICHERUNG) erspielen, erarbeiten und aus den Märkten herausziehen oder geringe und ausgeglichene Gewinne. Zwischen Systemüberforderung (da zu viel/zu hohe Gewinne) oder ausgeglichene Gewinne, die NICHT SYSTEMGEFÄHRDEND SIND!!

Viele (DIE ALLERMEISTEN) handeln (wetten) einfach nur Hobby- und Freizeitmäßig, mit der Absicht geringe Gewinne, im Einklang mit dem System, der Wirtschaft, den Mitmenschen und der Natur ZU ERZIELEN oder einfach nur zum Spaß. Je nach dem wie genau gehandelt wird, ist es mal Glückspiel und dann auch wieder mal eine Investition, da die geringen Leitzinsen, dazu verleiten zu investieren.

Bitte seien Sie immer vorsichtig, wenn Sie investieren, setzen Sie NIEMALS IHRE GESAMTEN GELDER EIN, also STREUEN SIE GUT, je nach Risiken (Verluste) und Chancen (Gewinne). Um so höher der Hebel gewählt wird, desto geringer sollte der Kapitaleinsatz hierauf erfolgen. Sehr wichtig, da Sie sonst sehr schnell, Ihr ganzes GELD VERLIEREN WERDEN!! Recherchieren und informieren Sie sich zuvor ausreichend und lassen Sie sich mit der Entscheidung, wie auch immer diese genau ausfallen mag, genügend Zeit!!

<u>Geld kann man nicht essen:</u>

Deshalb ist auch eine Investition in einen kleinen Bauernhof und/oder Schrebergarten (auf dem Land, so 10 bis 50 Kilometer, zur nächsten größeren Stadt gelegen), am besten an einem Fluss und/oder kleinen See gelegen, sehr empfehlenswert.

Zusätzlich ist es noch ein kleiner Tipp, ein Gewächshaus aufzubauen, mit Temperaturregelung, so das man die Möglichkeit hat auch über den Winter: Obst, Gemüse und Nüsse anzubauen und zu ernten.

Entscheiden Sie jeweils immer selbst, ich schreibe meine Vorstellungen als Tipps, Empfehlungen, Ideen und Möglichkeiten auf.

Erst einmal macht es Spaß, als Hobby:

Obst, Gemüse und Nüsse anzubauen und zu ernten und auf der anderen Seite, kann man das dann auch selbst essen.

Vor allem gut, damit die (eigenen) Kinder, wieder etwas mehr lernen, woher Ihr Essen (in diesem Fall: Obst, Gemüse und Nüsse) überhaupt her kommen.

Es ist als Empfehlung, Hinweis, Idee und Beispiel zu verstehen, genauso wie es, bezüglich zu anderen THEMENGEBIETEN auf allen anderen Projektseiten ebenso als Empfehlung, Hinweis, Idee und Beispiel dargestellt wird.

Recherchiere. Denke nach. Denke im großen und ganzen. Fühle. Tue gutes.

Empathie. Mitgefühl. Einfühlungsvermögen. Gerechtigkeit. Gerechtere Verteilung.

Mehr für die Ärmsten, die Armen und dem Mittelstand und weniger für die Reichen und Superreichen, um das System für alle friedlich, gut, gerecht, stabil und ausgeglichen zu halten. Mehr Innovationen im Umwelt-, Tier- und Naturschutz.

Weniger Verschmutzung und Habgier. Mehr Philosophie. Mehr nachdenken. Viel mehr im großen und ganzen denken.

Mehr und öfters verzeihen (so lange es nicht zur schlimmen und bösartigsten Gewalttaten gekommen ist).

Ganz unten auf dieser Seite, gibt es einen kleinen, übersichtlich verfassten Text, der sich alleine nur mit alternativen Energieformen (Sonnen- und Windenergie) beschäftigt.

http://gratis-energie.com/

Darüberhinaus findest Du weiter unten auf dieser Seite, weitere, sehr wissenswerte, spannende, relevante und vor allem, für uns gleichermaßen sehr wichtige Videos, Texte, Empfehlungen, Beispiele und Artikel. Unbedingt ansehen und selbst darüber nachdenken, selbst noch einmal hinterfragen, unter den verschiedensten Quellen recherchieren und unbedingt auch nicht alles gleich direkt glauben, sondern wie schon gesagt: HINTERFRAGEN! IM GROSSEN UND GANZEN DENKEN! MITDENKEN! FÜHLEN! EINFÜHLUNGSVERMÖGEN UND MITGEFÜHL AUF- UND AUSBAUEN, ALSO ENTWICKELN FÜR DEN ZUSAMMENHALT UND DIE ZUSAMMENARBEIT ÜBER GRENZEN, DIE VERSCHIEDENSTEN LÄNDER, ÜBER VERSCHIEDENE MEINUNGEN, ANSICHTEN, HAUTFARBEN UND RELIGIONEN

HINWEG! WIR ALLE GEMEINSAM, UM DIE PROBLEME DER GESAMTEN MENSCHHEIT IM VERBUND ZU LÖSEN!

Alle interessanten, relevanten und wirklich wichtigen Themengebieten werden (zur eigenen Meinungsbildung und freien Entscheidung) zum selbst ansehen auf den Projektseiten verlinkt. Jede und Jeder muss selbst seine Erfahrungen, sein Wissen und seine Kenntnisse suchen und sammeln. Um eine wirklich FREIE, UNABHÄNGIGE, WAHRE und RICHTIGE MEINUNG (AUS)BILDEN ZU KÖNNEN. Wirklich positiv ist ein Mittelweg, also gute Kompromissen, bei denen jede und jeder viel mehr profitieren kann, jede und jeder auf seine Weise, jeweils die Dinge, die der- und denjenigen heute fehlen, um ein lebenswertes, wertvolles, gutes, friedliches, freies und vor allem erfülltes Leben führen zu können.

Die Empfehlungen aller Projektseiten, sind für Euch, extra ausgearbeitet worden, damit Ihr jeweils, für Euch, damit mehr oder weniger anfangen könnt. Ich hoffe Ihr nehmt Euch etwas zu Herzen und setzt vielleicht auch ein Projekt, mit Euren Verwandten, Bekannten und sehr guten Freunden um, wenn Ihr das eben auch wirklich, von Euch aus machen möchtet.

Viel Spaß und Freude dabei (nehmt Euch etwas oder meinetwegen aus alles, aus den verschiedensten Projektseiten zu herzen)!

Einen Einblick! Immer eine eigene Meinung bilden!

Recherchiere, denke nach, denke im großen und ganzen!

Glaube nicht von vornherein immer gleich alles, was irgendwo steht oder gezeigt wird!

Informiere Dich gewissenhaft! Entscheide nach einer längeren Überlegungsphase!

Das gesamte Projekt ist vor allem dafür da:

Zusammenhalt, Zusammenarbeit, Wissensaustausch, Empfehlungen, Ideen, Güte, Herzlichkeit, Mitgefühl, Einfühlungsvermögen, Erfahrungsaustausch und Kenntnisse weitergeben!

Denn jede(r) kann etwas anderes gut!

Deshalb sollte man sich mit anderen zusammen schließen, um gemeinsam Ideen und Projekte auszuarbeiten und umzusetzen!!

Entscheidet selbst wie genau ihr das machen wollt und vor allem mit wem! Ihr solltet den ausgewählten Mitmenschen, jedoch (sehr) gut vertrauen können!! Es handelt sich auf allen Projektseiten um Ideen, Empfehlungen, Denkanregungen, Beispiele und Entwürfe!!

Es ist nicht immer eins zu eins, so wie es dasteht, es kann auch ganz anders sein!!

Die Seitenersteller beziehen sich auf viele verschiedene Artikel, Beiträge, Videos, Empfehlungen und Internetseiten anderer, also aus vielen verschiedenen Quellen, es geht hier niemals nur um eine Meinung, sondern es handelt sich um sehr viele unterschiedliche Meinungen!!

Es ist Deine Entscheidung was Du glaubst und was nicht!!

Es geht vor allem rein um Deine Unterhaltung, Dein Wissensaufbau, Dein Wissensausbau und recherchierte neue Themen, die Dich auch interessieren könnten!!! Sehe es als Empfehlung, Beispiele, Ideenanregungen, um das Miteinander, das Füreinander und das Wohlergehen aller zu unterstützen und zu fördern.

Am besten ist das Du mit einer Seite anfängst zu lesen, die Empfehlungen ansiehst und danach (je nach Zeit und Interesse) möglichst viele weitere Seiten anschaust und unbedingt danach selbst noch einmal recherchierst, Dich mit anderen austauschst, informierst (ganz wichtig, unter verschiedenen Quellen) und Dich auch mit lustigen Dingen beschäftigst!!

Beschäftige Dich niemals nur mit diesen Themengebieten, sondern unbedingt auch mit anderen lustigen Themengebieten und gehe viel raus. Natur und Fotografie der Natur ist gut zum relaxen und runter-kommen! Geh wandern, in den Park und/oder mache Sport.

Diese Seiten rufen zwar zu einer wissenswerten Unterhaltung und Informationseinholung auf, sind jedoch NICHT DAFÜR GEDACHT, DAS DU DICH NUR NOCH MIT DIESEN THEMEN UND DEN SEITEN BESCHÄFTIGEN SOLLST!! Ein Beispiel: Pro Tag höchstens 1 Stunde, pro Woche (z. B. am Wochenende) höchstens 2 bis 4 Stunden, danach unbedingt etwas aufheiterndes (lustiges) ansehen und zusätzlich raus, in den Park und/oder Sport machen!!

Es ist alles eine Empfehlung! Wissen ist gut, damit Du, selbst entscheiden kannst, wie Du damit umgehen möchtest.

Wenn Du mehr und möglichst viel weißt, kannst Du überlegter und besser Handeln, um somit, die besten (immer guten und friedlichen) Entscheidungen für Dich selbst, Deiner Familie und Deiner Mitmenschen zu treffen!!

Wichtig:
!! DIE EVOLUTION IST FÜR UNS ALLE (ALSO: JEDEN EINZELNEN, WELTWEIT) VIEL BESSER ALS DIE REVOLUTION !!

FINDET KOMPROMISSE, GERECHTERE ENTLOHNUNGEN BEI WENIGER ARBEITSZEIT UND MEHR FREIZEIT, UM SO AUCH EINE VOLLBESCHÄFTIGUNG HIN ZU BEKOMMEN!! MEHR GERECHTIGKEIT UND EINE VIEL BESSERE VERTEILUNG DER VERMÖGEN!!

http://n24.de/Nachrichten/physiker-bauen-visionaeren-stromturm

http://www.maclife.de/kraftwerk-pack-ueber-feuerzeuggas-laden

Ich habe gegen niemanden etwas. Gegen kein Land. Gegen keine Nation. Gegen keine Religion. Gegen keine Bevölkerungsschichten.

Ich möchte das jede und jeder, wir alle, weltweit gemeinsam Kompromisslösungen suchen, finden und ausarbeiten, gemeinsam, wo jede Bevölkerungsschicht, ein gleichwertiges Stimmrecht hat (BÜRGERENTSCHEIDE, bei den WICHTIGSTEN UND RELEVANTESTEN THEMEN). Verschiedene Meinungen sind solange gut und erwünscht, wie diese friedlich gehalten diskutiert, debattiert, beschrieben und vorgetragen werden.

Es muss ein Weg gefunden werden, wie wir alle gemeinsam, die Probleme lösen können, die uns und unsere Natur (Tierwelt) belasten.

Tuen wir überhaupt nichts, dann wird erst einmal unsere Tier- und Naturwelt zu Grunde gehen und danach wir. Das kann für keinen von uns das Ziel sein. Mit alternativen, nachhaltigen, sauberen, recycelbaren, und umweltfreundlichen (oder wenigstens umweltfreundlicheren) Energiegewinnungsformen können wir alle profitieren und lassen der Umwelt (Natur- und Tierwelt) einen großen Erhol- und Rückzugsort, dies ist ebenso eine Oase für uns.

Ohne Natur-, Tier- und Umwelt (die verschiedensten Arten) sind wir überhaupt nichts. Auch wenn das die meisten nicht glauben können, nicht verstehen wollen, nicht verstehen können und deshalb für übertrieben oder verrückt halten. Ihr werdet schon sehen. Wenn die meisten, immer nur in eine Richtung laufen und es keine Ausgewogenheit mehr gibt, dann werden aus diesem Verhalten, schwerwiegende PROBLEME ENTSTEHEN und zwar für alle. Für die, die fleißig da mitmachen, für die die weniger mitmachen und aber auch für die die das so gut wie gar nicht mitmachen. Aber es ist nur eine Grundidee. Alle Projektseiten sind deshalb aufgelegt worden um auf Wissensaufbau, Wissensausbau, Zusammenhalt, Einklang, Ausgewogenheit, Respektvollen Umgang, Respekt, Verständnis für einander (FÜR JEDEN MITMENSCHEN), Erklärungen und Erfahrungsaustausch hinzuweisen. Es soll einfach auf viele ALTERNATIVEN hingewiesen werden, wie wir alle gemeinsam viel mehr profitieren können, wenn wir nur auf 10 bis 50 Prozent, unserer (heutigen) negativen Seiten, Hobbys, Unterhaltungswelt, Umwelt-/Naturvernichtung, gegenseitiges Ausspielen, gegenseitiges Schlecht reden, gegenseitiges mit dem FINGER AUF ANDERE ZEIGEN und allgemein gesagt auf unsere negativen Wünsche und Träume zu 10 bis 50 Prozent zu verzichten, um eben jedem, ein bestmöglichstes LEBEN ZU GEWÄHRLEISTEN und bieten zu können.

Dies ist keine Kritik, sondern es sind Ideen zur VERBESSERUNG, ZUM LERNEN, ZUM VERSTEHEN, ZUM GEGENSEITIGEN WERTSCHÄTZEN UND VOR ALLEM UM NEUES ZU ENTDECKEN. Innovationen, Wissen, Relevantes, Gute-Ideen und noch viel mehr.

Die gezeigte und empfohlenen Unterhaltungen dienen, dementsprechend auch der UNTERHALTUNG (WIE IM TV, KINO und-so-weiter eben auch unterhalten wird), wobei es auch in unterhaltsamen Filmen (TV und KINO) oft Hinweise gibt, die real getreu sind und verbessert werden sollten. Verbessert werden können. Verbessert werden müssen. Selbst denken ist angebracht und vor allem friedlich bleiben. Gemeinsam Ideen entwickeln, sammeln, suchen und finden. Diese als Projekte und/oder Vereine und/oder Firmen (Mini-GmbH´s, Standard-GmbH´s, Einzelunternehmen, Ich-AG´s, Genossenschaften usw.) zu gründen, aufzubauen, auszubauen, um gemeinsam, zusammen, gleichberechtigt zu profitieren. Mehr Einklang und Ausgewogenheit. Mehr gute und faire Kompromisse, die jeden berücksichtigen. Mehr Güte, Verstand, respektvoller Umgang und vor allem mehr Gerechtigkeit (FÜR JEDEN). **Mehr Evolution und weniger bis gar-keine REVOLUTION!!**

Alles was dem Respekt, dem Einklang, dem Wohlergehen jedes (friedlichen) Mitmenschen, der Innovation (die jedem dienen soll), der Wertschätzung untereinander UND DAS ALLES über Grenzen, Religionen, Länder, Nationen, Hautfarben und immer-friedlich-gehaltenen Einzelmeinungen dienen soll und dienen wird, ist für uns allesamt, gleichermaßen MEHR ALS POSITIV. Probiert es aus. Liest die Seiten die unten als Empfehlung enthalten sind. Es ist sehr viel wissenswertes für Euch alle gleichermaßen enthalten. Jede und Jeder hat andere Interessen, jedoch geht es hier um allgemein Interessantes, Relevantes, Wichtiges, Lehrreiches und sehr oft leicht umsetzbare Ideen (Beispiele und Hinweise). Hier sind die Dateien empfehlenswert, die über die Seiten aufrufbar sind.

Um uns alle **gegenseitig weiter zu bringen, zu fördern, gegenseitig mehr und besser verstehen zu können**, sind **bestimmte Themenschwerpunkte fast schon PFLICHTPROGRAMM**!! Letztendlich entscheidet jeder für sich selbst, jedoch ist es gut, positiv, sinnvoll, wissenswert und relevant, das man einen großen (realen, echten, wahren und richtigen) Wissensstandard aufbaut.

Um zu **verstehen wie Hass, Hetze, Neid, Ungleichheit, Ungerechtigkeit, Spaltung, Keilungen, Krieg(e), Dummheit und "mit Finger auf andere zeigen (andere belästigen)"** FUNKTIONIERT muss mehr sinnvolles gelesen, angeschaut und angehört werden.

Die erste Hauptsache liegt ganz klar auf der Hand und jeder müsste das wissen:
Es ist die Tatsache das man, so nicht bei sich selbst an Schwächen, Fehlern, Missgeschicke, Dummheiten und überheblicher Naivität SUCHEN, FINDEN UND

DARAN ARBEITEN MUSS (sich erst einmal selbst zu ändern, bevor man auf andere SCHAUT).

Also das ist ganz klar, hier liest man einmal mehr, wie das überhaupt funktionieren kann, deshalb ist alles was mit angesprochen wird, auf den verschiedensten PROJEKTSEITEN, wissenswert und sehr relevant.

Obwohl jeder seine Vorteile, Nachteile, Stärken, Schwächen, Positiven und Negativen EIGENSCHAFTEN HAT, die er sich entweder schnell, langsam oder überhaupt nicht abgewöhnen kann (möchte). Falls man sich etwas nicht abgewöhnen kann (möchte), sollte man hier mit noch viel mehr, guten Eigenschaften einen Ausgleich schaffen.

Es ist an der Zeit, etwas zu verändern zum guten und positiven hin. Um somit etwas gutes zu tun. Die derzeitige Situationen (das Weltgeschehen und Weltbild) positiv, gemeinsam zu verändern, so das jeder (friedliche) Mitmensch seine wohl verdiente Freude, Glück, seinen Spaß und seinen Respekt erhält. Jede und Jeder soll wieder LACHEN KÖNNEN!! Dafür sind die gesamten Projektseiten. Dafür hänge ich mich rein und dafür solltet Ihr Euch alle mal etwas reinhängen, also wenigstens alles mal in ruhe ansehen, darüber nachdenken, debattieren, selbst weiter entwickeln, lesen, recherchieren, gutes-tun und so weiter. Viel Spaß dabei.

http://www.sichtblick.com/

http://www.sichtblick.com/#!dateinartikelbeitraegeempfehlungen/cv9p

Hinweise zu den Projektseiten und den Dateien

Achten Sie immer darauf, zuvor genau zu recherchieren, in Foren, Communitys, Suchmaschinen, aber Fragen Sie auch bei Verwandten, Bekannten und Freunden. Tauschen Sie sich aus. Informieren Sie sich gewissenhaft und fangen Sie erst dann, nach einer guten und großangelegten Recherche und Informationseinholung an, mit dem Nebenverdienstaufbau im Internet.

Alle Themengebiete, die Sie interessieren und die Sie überlegen zu beginnen, müssen Sie <u>zuvor gut recherchieren, um nicht auf Betrüger und Betrugsmaschen reinzufallen</u>. Auch andere in den Weg gerollte Steine <u>müssen beachtet werden.</u>

Affiliate Netzwerke können betrieben werden, wenn kein eigenes Produkt zur Vermarktung steht, hierbei werden dann eben ein oder auch mehrere Produkte, anderer Anbieter auf seiner oder seinen Internetseiten beworben.

Anders herum wenn eigene Produkte zur Verfügung stehen, dies können E-Bücher, Bücher, Apps und/oder auch andere Güter, wie beispielsweise Software sein, dann kann auch ein Affiliate Netzwerk genutzt werden, um einfach seine vorhandenen Produkte bewerben zu lassen, hierbei ist nur sehr genau auf die Abrechnungsmodelle zu achten.

Denn es gibt verschiedene Abrechnungsmodelle, bei einem wird man sicher schneller arm, aber das müssen Sie selbst recherchieren und entscheiden.

Kategorien von Abrechnungsmodellen können sein:

- Pay per Click (pro Klick, wird eine Gebühr fällig)

- Pay per Lead

- Pay per Sale (pro Verkauf, wird eine Gebühr fällig)

- Pay per Click Out

- Pay per Link

- Pay per Print out

- Pay per View

- Pay per SignUp

- Pay per Install

- Lifetime-Vergütung

- Airtime-Vergütung

Genauere Beschreibungen siehe diese Leseempfehlung:

http://de.wikipedia.org/wiki/Affiliate-Marketing

Alle Einsichten, Beispiele, Ideen, Beschreibungen, Verlinkungen auf andere Seiten, Artikel, Sonstiges und Sonstige Dateien sind zur übersichtlichen Einsicht und oberflächlichen Informationseinholung gestaltet, entworfen und entwickelt worden.

Bevor Projekte umgesetzt werden, muss eine genaue und lückenlos Information und Recherche eingeholt werden, beispielsweise bei "Stiftung Warentest", auf "seriösen Internetseiten", in "Suchmaschinen", in "Foren", in "Communitys", in "sozialen Netzwerken", bei "Freunden", "Bekannten", "Verwandten" und "Mitmenschen die sich mit diesen Themengebieten, jeweils auskennen", bei "Behörden" und so weiter.

Diese Dateien und Internetseiten bieten allgemeine und oberflächliche Informationen an. Lesen Sie genau, aber verlassen Sie sich nicht nur auf diese Informationen, sondern recherchieren Sie auch noch einmal selbst, ganz genau unter den verschiedensten Quellen nach.

!! WENN SIE HANDELN MÖCHTEN !!

Handeln Sie mit WENIG GELD, wenn Sie überhaupt handeln möchten (Hobby-/Spiele-/Trading-/Freizeitgeld), mit GERINGER HEBELWIRKUNG. Es bestehen genauso **hohe Risiken** (Verlustmöglichkeiten), als auch Chancen (Gewinnmöglichkeiten). Beachten Sie das in Ihren Überlegungen genau.

http://www.sichtblick.com/#!dateinartikelbeitraegeempfehlungen/cv9p

Hinweise zu den Projektseiten und den Dateien

Verschiedene Dinge müssen ganz genau beachtet und deshalb ausführlich recherchiert werden. Lesen Sie immer die "AGBs", "Nutzungshinweise",

"Geschäftsbedingungen" und "Sonstige Hinweise" der verschiedenen, von Ihnen ausgewählten Angebote, Anbieter und Partner(netzwerke) genau durch.

Beispielsweise das Markenschutzrecht und das Recht von anderen Persönlichkeiten der (öffentlichen) Privatsphäre. Soll letztendlich heißen: Zeige gar keine Gesichter und wenn dann nur deines, aber vor allem nicht Gesichter anderer Personen die NICHT DAMIT EINVERSTANDEN SIND, das GIBT SONST ÄRGER.

Auch andere (weitere) Dinge sind zu beachten, hierzu:

RECHERCHIERE SELBST NOCH EINMAL, BEVOR DU STARTEST!!

Ansonsten ist das aller erst wichtigste: Erlange viel Aufmerksamkeit, durch Zufall oder durch etwas wirklich ausgefallenes, etwas lustiges (noch nie dagewesenes) oder etwas das so interessant, leicht nachvollziehbar und so etwas von wissenswert ist, das es sich (fast schon) jeder anschauen muss, der Videoplattformen im Internet aufruft, besucht und nutzt. **Findet also Eure Nische und startet durch**.

Zu beachten und sehr wichtig, das jede Leserin und jeder Leser, selbst abgleicht auf beispielsweise, vorhandene Allergien. Der Autor kann jeweils nicht wissen, welche Allergien bei der Leserin und bei den Lesern vorliegen.

Bitte sorgsam damit umgehen und vorab IMMER INFORMIEREN.

Entscheiden Sie wie immer selbst, welchen Lieferservice und welche Internetseiten Sie bevorzugen.

Es ist eine kleine Übersichtsliste, mit Übersichtsempfehlungen, über die verschiedensten Themengebiete.

Templates sind Softwarebestandteile (meist für die Ansicht und für Zusatzthemengebiete) die für verschiedene "CMS Tool Software" entwickelt werden.

Hierbei können die verschiedensten Templates und Themes ausgewählt werden.

Es handelt sich um Beispiele. Themes und Templates SIND NICHT UNBEDINGT ERFORDERLICH. Themes und Templates verbessern nur manchmal die Ansicht und Funktionalität (AUCH NICHT IMMER).

Ob Sie diese Zusatzsoftware verwenden ist also ganz Ihre Entscheidung, wie bei allen anderen Projektideen, Vorstellungen und Beispielen auch.

Ob Sie ein (beispielhaftes, aufgeführtes, empfohlenes und vorgestelltes) Angebot nutzen möchten ODER NICHT, ist Ihre eigene Entscheidung.

Beachten Sie genau die Vorteile und Nachteile und entscheiden Sie selbst.

Recherchieren Sie genau, bei Foren, Communitys, sozialen Netzwerken, Bekannten, Verwandten, Freunden und bei Mitmenschen die bereits Erfahrungen in diesen Bereichen gesammelt haben.

Die Einblicke, Übersichtslisten, beispielhaften Ideen und Vorstellungen sind kostenfrei und bieten nur einen Ein- und Überblick. Sie stellen keine Aufforderung zur Nutzung dar. Sondern einen Hinweis, darauf das es diese Angebote so gibt.

Risikohinweis und Haftungsausschluss

Die auf dieser Website angegebenen Informationen über Börsenhandel sind weder als Anlageberatung zu verstehen, noch als Werbung oder Ratschlag zum Handel mit Wertpapieren, Derivaten, Währungen, Futures, CFDs, Optionen oder anderen Finanzinstrumenten.

Nur erfahrene Trader und diejenigen, die sich über die Risiken bewusst sind, sollten auf diesen Märkten aktiv sein.

Die Fakten sind nach bestem Wissen und Gewisssen recherchiert, es besteht jedoch keine Garantie auf Korrektheit, Vollständigkeit oder Genauigkeit der Informationen.

Vorhersagen über Kursentwicklungen und Gewinne basieren auf Meinung des Autors.

Nachahmung auf eigene Gefahr. Gute Performance eines automatischen Handelssystems in der Vergangenheit bedeutet nicht mit Sicherheit ebenfalls gute Performance in der Zukunft.

Sowohl automatisierter, als auch manueller Handel auf oben genannten Märkten beinhaltet sowohl große Chancen als auch mindestens so große Risken. Diese können zu einem Totalverlust des eingesetzten Kapitals und (je nach Anbieter) zu zusätzlichen Schulden führen.

Es ist zu empfehlen, sich von einer Bank oder einem Anlageberater über die Gefahren beraten zu lassen.

Haftung für Verluste durch Verwendung von Indikatoren oder Expert Advisors ist ausgeschlossen. Dies gilt insbesondere für fahrlässig riskante Verwendung durch den Benutzer.

Dem Anwender sei geraten, die Performance und Zuverlässigkeit der hier kostenlos zum Download angebotenen Software vor dem Einsatz zu testen.

Als weitere Gefahren kommen Störungen der Internetverbindung hinzu, insbesondere beim Trading (Verzögerungen und Fehler bei Kommunikation mit dem Broker).

Alle Angebote sind freibleibend und unverbindlich. Teile der Seiten oder das gesamte Angebot können jederzeit verändert, ergänzt, gelöscht oder die Veröffentlichung zeitweise oder endgültig eingestellt werden.

Diese Bedingungen akzeptiert der Anwender durch Nutzung dieser Website.

Quelle: http://xyzo-trade-robots.de/index.php/de/risikohinweis

Einleitung
Durch Nutzung dieser Website erklärt sich die/der Nutzerin/Nutzer mit nachfolgenden Bedingungen einverstanden.

Urheberrecht

Die Weitergabe von Artikeln, die auf dieser Website (kostenfrei) eingesehen werden können, sind MIT QUELLENNENNUNG: http://wirfinit.de, http://sichtblick.com und http://trading-zum-probieren.jimdo.com und/oder anderen Internetseiten (von mir geschriebene ARTIKEL), ERLAUBT UND GESTATTET.

Alle Rechte liegen ausschließlich bei dem Autor der Webseite.

Schadensersatz

Es besteht kein Anspruch auf Schadensersatz für Schäden durch Fehler in der Software oder unsachgemäßer Bedienung durch den Benutzer. Verwendung der Software des Anbieters auf eigene Gefahr. Handelssysteme sollten vom Kunden auf Demokonten und auch in der "Backtesting-Funktion", der separat bei den ausgewählten Anbietern und Brokern erhältlichen Handelssoftware ausgiebig getestet werden. Testen Sie die Software (die hier zum Abruf stehen) mit einem namhaften, seriösen und kostenpflichtigen Virenschutzprogramm. Die Software-Dateien sind in einem "gezippten" Ordner und müssen unbedingt zu erst einmal entpackt (extrahiert) werden. Auf der Einleitungsseite werden Sie demnächst Videos vorfinden, die alles weitere erklären. Es gibt die (beiden) beispielhafte "Expert Advisors" nicht auf der Seite http://sichtblick.com

Abnahme von Software

Da die Software immer kostenfrei ist und bleibt, gibt es auf beiden Seiten (Anbieter und Nutzer) keine Abnahmeverpflichtungen.

Länderausschluss

Diese Website ist nicht für die Verbreitung oder Verwendung in Ländern gedacht, wo die Verbreitung oder Verwendung des Inhalts dieser Website gegen Gesetze oder Vorschriften verstößt. Keine auf dieser Website beschriebene oder erwähnte Dienstleistung oder Anlageform kann von Personen genutzt werden, die in Ländern wohnen, wo das Angebot solcher Dienstleistungen oder Anlageformen gegen die dortigen Gesetze, Vorschriften oder Börsenusancen verstößt.

Jeder Besucher dieser Website ist eigens selbst dafür verantwortlich, die für ihn geltenden Gesetze und Vorschriften zu kennen, zu befolgen und anzuwenden.

Für alle hier vorgestellten, angesprochenen und empfohlenen Themengebiete gilt:

Aufgrund der vorhandenen Mengen an Daten, Apps und vielerlei verschiedenen Möglichkeiten, fehlen selbstverständlich Apps, Daten und weitere Informationen.

Es wird mit größter Sorgfalt darauf geachtet gut und gewissenhaft zu recherchieren.

Außerdem werden möglichst viele, interessante Internetseiten, Apps, Software, Literatur (Bücher, E-Bücher, Magazine, Zeitungen, Zeitschriften und so weiter), Innovationen, Hardware, Technik, Unterhaltung/Medien (Filme, Serien, Sendungen, Dokumenationen, Mediatheken und so weiter) und noch vieles mehr recherchiert, angesprochen, aufgezeigt, empfohlen und beschrieben.

Es kann nicht auf Vollständigkeit geachtet werden, da die Massen und vorhandenen Angebote (Möglichkeiten) einfach schon viel zu groß sind.

Sie müssen daher (bei Interesse), je nach Interessens- und Themengebiet selbst noch einmal recherchieren.

Diese Internetseiten stellen grundlegende Informationen und vielerlei verschiedene Möglichkeiten (beispielsweise für die Unterhaltung und Projektideen/Projektumsetzungen) dar.

Somit sind alle (Projekt) Internetseiten, Videos, Fotografien und Datein als Ideensgeber, Tippgeber, Beispielsgeber, Ideenfinder, Orientierungssucher, Unterstützer für eigene (schon vorhandene) Ideen, für den friedlichen Zusammenhalt, die friedliche Zusammenarbeit (über künstlich gemachte Grenzen, angebliche Unterschiede und Idealvorstellungen) entwickelt worden und wird immer wieder (in unregelmäßigen Zeitabständen) mit neuen (technischen) Innovationen, Applikationen (Apps), Recherchen, Möglichkeiten und um viele weitere Themengebiete ergänzt.

!! WICHTIGER HINWEIS !!

Software, Hardware, Zubehör, Notebooks, Computer und so weiter, die unter "Empfehlungen (WERBUNG)" aufgezeigt werden, können sehr schnell veraltet sein, beachten Sie immer, dann entweder sich genau, nach der neusten Software und Hardware umzusehen und/oder die alte Software (nach Möglichkeit), mit einem neuen Update zu versehen. Achtung: Es ist NICHT IMMER möglich alte Software einfach upzudaten. Hier muss jeweils genau recherchiert werden.

Es kann trotz sorgfältiger Recherche, NICHT GARANTIERT werden, das sich die Empfehlungen (WERBUNG) und Inhalte der Seiten, auf dem aller neusten Stand befinden.

Achtung: Software sollte immer nur von vertrauenswürdigen Quellen heruntergeladen werden und/oder zuvor mit einem (kostenpflichtigen) Virenschutzporgramm getestet werden.

http://relevante-beitraege.wirfinit.de/a-gesundheit/

https://relevantethemenvonundmitwirfinit.wordpress.com/gesundheit

http://www.sichtblick.com/#!verschiedeneempfehlungen/c1h52

http://www.sichtblick.com/#!zeitschriftenundezeitschriften/c12vl

http://www.sichtblick.com/#!buecherundebuecher/c1o5

https://twitter.com/fotosvideospets

https://twitter.com/marcomagazine

https://twitter.com/kunstmarco

https://twitter.com/marphilosophie

https://twitter.com/schoen_marco

https://twitter.com/ml_empfehlungen

https://twitter.com/marcoalles1313

https://twitter.com/marlekawirfin

https://twitter.com/finanzwissen1

https://twitter.com/wirfinit

https://twitter.com/marcolm25

https://twitter.com/marco1313LM

https://twitter.com/wirfinitkunst

https://twitter.com/lermmark

In dieser Übersicht geht es, um die verschiedensten Foren und Communitys (zum austauschen, auf den verschiedensten Interessensgebieten), so das jede Besucherin und jeder Besucher auf diesen Internetseiten Ihren Bereich finden
können und andere wissenswerte und interessante Bereiche für sich entdecken kann

https://philosophie-forum.com/

http://spiriforum.net/

http://philo-welt.de/

http://philosophie-raum.de/

http://philosophieforum.rescogitans.de/

http://denkforum.at/

http://advanced-thinking.de/

http://allroundtalk.com/

http://gutefrage.net/

http://paraportal.org/

http://boersenforum.de/

http://aktienboard.com/

http://expert-advisor.com/

http://ml-fotografien.jimdo.com/

Meine Philosophie: Gewinne und Einnahmen im Verhältnis zu der Natur, Umwelt, Mitmenschen und Tierwelt AUSGEWOGEN und IM EINKLANG einnehmen, ausgeben und wieder investieren.

So das die ärmsten, armen und ärmeren Mitmenschen auch etwas (mehr) abbekommen. Darüberhinaus die Natur, Um- und Tierwelt auch davon profitieren kann, überlebt und einen großen Rückzugsort hat.

Einnahmen, Gewinne und Leistungen müssen sich aus- und angleichen, aber AUCH IMMER IM VERHÄLTNIS ZU EINANDER STEHEN. Sehr viel ist in der heutigen Zeit viel zu extrem.

Zu extrem wenig und zu extrem viel. Beispielsweise: Gehaltsscheren mit viel zu hohen Differenzen. Das heißt normaler Verdienst: 12.000

bis 100.000 (netto) pro Jahr und der nicht mehr normale Verdienst: 200.000 bis 20 Millionen und mehr pro Jahr (netto). Auch der Verbrauch sollte weniger sein und eher zurückgehen, als ansteigen.

Geringfügige Preise werden selten von mir, auf manche Publikationen erhoben, da es Zeit kostet und echte Arbeit(sleistung) ist.

Wenn es Ihnen nicht zusagt, dann kucken Sie nur mal vorbei.

Die verschiedensten Beiträge, Artikel, Empfehlungen, Beispiele, Ideen, Publikationen und so weiter: Sind immer sehr wissenswert,

relevant und interessant.

Finden Sie in diesem Bereich unterschiedliche Empfehlungen

http://www.sichtblick.com/#!dateinartikelbeitraegeempfehlungen/cv9p

http://www.sichtblick.com/#!sonstigedateinundmeineangebote/c1czn

Die oben beschriebenen Datein, die sich auf die beispielhaften

"Expert Advisor=Handelsbots" beziehen, **sind Beispiele**.

Testen Sie vorab auf Demo-/Wettbewerbskonten und/oder nutzen Sie ausführlich und gewissenhaft die "Backtesting" Funktion der "Metaquotes", "Metatrader 4" Software.

Weitere Hinweise gibt es auf den nachfolgenden Internetseiten

http://trading-zum-probieren.jimdo.com/gute-empfehlungen/

http://wissen-ueber-trading.jimdo.com/handelsplattformen/

http://einrichtungsbeispiele-expertbots.jimdo.com/

Die beispielhaften "Expert Advisor" zum ausprobieren (testen) mit Demo- und/oder Wettbewerskonten sind ebenfalls hier erhältlich:

http://einrichtungsbeispiele-expertbots.jimdo.com/einrichtung/

Weitere verschiedene Dateien (Lesedokumente)

http://www.sichtblick.com/#!nutzungshinweise/c1ncb

http://www.sichtblick.com/#!nutzungshinweisetrading/c1v39

http://www.sichtblick.com/#!weitere-wichtige-hinweise-1/c1crl

http://www.sichtblick.com/#!weitere-wichtige-hinweise-2/ch9e

!! Wissenswertes Relevantes Wichtiges !!

http://thrivemovement.com/

http://bumibahagia.com/nicht-in-unserem-namen/

http://die-blume-des-lebens.info/

http://heiligegeometrie.de/

http://de.wikipedia.org/wiki/Drei_Affen

http://de.wikipedia.org/wiki/Blume_des_Lebens

https://sein.de/das-geheimnis-der-blume-des-lebens/

https://sein.de/heilige-geometrie-blume-des-lebens/

http://i-feelgood.net/sein/symbol/blume-des-lebens.php

http://spirituelle.info/artikel

http://gesundheitsfundament.de/blog/heilige-geometrie/

http://gesundheitsfundament.de/fundament/ruhe/

http://gesundheitsfundament.de/fundament/maessigung/

http://gesundheitsfundament.de/fundament/gedanken/

http://gesundheitsfundament.de/fundament/spiritualitaet/

http://gesundheitsfundament.de/fundament/soziales-umfeld/

http://aktuelle-medien.de/files/image/Blume-des-Lebens

http://klangmassage-klangtherapie.com/bild

http://brainyquote.com/

http://nachdenkseiten.de/

http://blog.zeit.de/herdentrieb/

https://twitter.com/mainstreamkrit

http://mainstreamkritik.bplaced.net/

http://projekte-uebersicht.jimdo.com/

http://psychologiederschule.de/

http://de.wikipedia.org/wiki/

http://gutefrage.net/

http://freiwilligfrei.de/

http://berlin-mitte-institut.de/content/bild

http://nlpportal.org/nlpedia/wiki/NLP

http://dvnlp.de/nlp-methode

http://nlp.de/info/nlp

http://zeit.de/selbsterfahrungsbericht-nlp-workshop

http://zeitzuleben.de/nlp-fur-den-alltag/

http://neuro-programmer.de/

http://de.wikipedia.org/wiki/Anomalistik

http://remid.de/blog/prae-astronautik-RG

http://mysteryfacts.com/vorzeit-und-prae-astronautik

http://korrektur-der-menschheit.de/videos-prae-astronautik

http://seti-astronautik.de/

http://paraportal.org/

http://de.wikipedia.org/wiki/Pr%C3%A4-Astronautik

Es handelt sich hierbei um (ganz meinungsfreie) Empfehlungen.

Jede und Jeder soll sich seine eigene Meinung bilden und

friedlich bleiben, für den Zusammenhalt, die Zusammenarbeit

und den Wissensaustausch über Grenzen, Religionen,

Ansichten, friedlich gehaltene Detailmeinungen und

über die verschiedensten Hautfarben hinweg.

http://de.wikipedia.org/wiki/Liste_von_Sportarten

http://de.wikipedia.org/wiki/Kampfsport

http://dojoguide.org/sportarten

!! Noch mehr WISSENSWETES UND RELEVANTES !!

https://facebook.com/pages/wirfinitde/

https://facebook.com/infoseitenfuerdich

https://facebook.com/wissenhilftunsallen

http://de.wikipedia.org/wiki/Pazifismus

Auch wenn es (**LEIDER IMMER NOCH**, in unserer **heutigen Zeit**) viele Befürworter für Kriege gibt, so ist das letzte Wort was gegen Krieg spricht: Jedes einzelne Leben (unschuldiger Zivilisten), denn jeder einzelne (FRIEDLICHE) ist wertvoll. Aber auch das sinnlos verballerte GELD, womit auch sinnvolles getan werden kann, so beispielsweise: Erneuerbare Energien, Alternative Energien, Schulen/Bildung für die Armen, weltweit eine gerechte Entlohnung, mehr Güte und Verständnis, durch gemeinsame Projektarbeiten und Benutzung des Menschenverstandes, dort kann Geld investiert werden und zwar das ganze Geld, was derzeit noch in Unsinn investiert wird.

Videos Nebenjobmoeglichkeiten.pdf

Kleidung Designen Traumnebenjob.pdf

Verschiedene online Nebenjobs Uebersicht.pdf

Affiliate_Nebenjob.pdf

Nuetzliche Seiten.pdf

http://www.sichtblick.com/#!dateinartikelbeitraegeempfehlungen/cv9p

http://ml-fotografien.jimdo.com/

http://wirfinit.de/

http://relevante-beitraege.wirfinit.de/

http://wissen-hilft-uns-allen.de/

http://projekte-uebersicht.jimdo.com/

http://wissen-ueber-trading.jimdo.com/

http://einrichtungsbeispiele-expertbots.jimdo.com/

http://trading-zum-probieren.jimdo.com/

http://fiminatzu.de/

https://relevantethemenvonundmitwirfinit.wordpress.com/

http://uebersicht-hobby-freizeit.jimdo.com/

http://wissenswertesfuerdich.blogspot.de/

http://wirfininformation.blogspot.de/

http://wissenswerte-unterhaltung.jimdo.com/musik-videos/

http://gratis-energie.com/

http://thewire.ch/abstrakt

Wissenswertes. Relevantes. Hier klicken und finde auf der Seite "sichtblick.com" weitere Unterhaltung, Wissen und Mehr

http://www.sichtblick.com/#!dateinartikelbeitraegeempfehlungen/cv9p

http://www.sichtblick.com/#!sonstigedateinundmeineangebote/c1czn

http://www.sichtblick.com/#!verschiedeneempfehlungen/c1uun

Empfehlungen von Vergleichsportalen

http://broker-test.de/forex-broker/leistungsvergleich/activtrades/flatex/

http://broker-test.de/forex-broker/leistungsvergleich/flatex/oanda-fxtrade/

http://broker-test.de/forex-broker/leistungsvergleich/flatex/xemarkets/

Der automatische Handel funktioniert, (derzeit, Stand: März 2015) nur mit bestimmter Software, hier muss zuvor recherchiert, genau gelesen und/oder nachgefragt werden

https://100forexbrokers.com/

https://100forexbrokers.com/fx/broker_search.php

http://100forexbrokers.com/mt4forexbrokers

http://100forexbrokers.com/mt4-ecn-brokers

http://brokerdeal.de/

http://brokerdeal.de/forex-broker-vergleich

http://investing.com/directory/trading-platforms

http://wissen-ueber-trading.jimdo.com/handelsplattformen/

http://einrichtungsbeispiele-expertbots.jimdo.com/

http://trading-zum-probieren.jimdo.com/

http://forexgermany.de/expert-advisors/expert-advisors.html

http://wissen-ueber-trading.jimdo.com/handelsmöglichkeiten/

http://wissen-ueber-trading.jimdo.com/handelsplattformen/

Eine Aufstellung von (beispielhaften) handelbaren Handelsprodukten und Handelsmöglichkeiten:

http://de.wikipedia.org/wiki/Exchange-traded_Note

http://de.wikipedia.org/wiki/Exchange-traded_fund

http://de.wikipedia.org/wiki/Exchange-traded_Commodity

http://de.wikipedia.org/wiki/Differenzkontrakt

http://de.wikipedia.org/wiki/Terminkontrakt

http://de.wikipedia.org/wiki/Binaere_Option

http://de.wikipedia.org/wiki/Devisen

http://de.wikipedia.org/wiki/Devisenmarkt

http://de.wikipedia.org/wiki/Spread_(Wirtschaft)

http://de.wikipedia.org/wiki/Option_(Wirtschaft)

http://de.wikipedia.org/wiki/Optionsschein

http://de.wikipedia.org/wiki/Optionsanleihe

http://de.wikipedia.org/wiki/Verzinsliches_Wertpapier

http://de.wikipedia.org/wiki/Aktie

http://de.wikipedia.org/wiki/Aktiengesellschaft

http://de.wikipedia.org/wiki/Staatsanleihe

http://de.wikipedia.org/wiki/Zertifikat_(Wirtschaft)

http://de.wikipedia.org/wiki/Mini-Future

http://de.wikipedia.org/wiki/Eurex

http://de.wikipedia.org/wiki/Dark_Pool

http://de.wikipedia.org/wiki/B%C3%B6rse

http://de.wikipedia.org/wiki/Bank

Hierbei werden Aktien/Wertpapiere genauso erwähnt, wie Derivate und gehebelte Produkt-/Handelsmöglichkeiten.

Bei gehebelten Handelsmöglichkeiten muss auf das ERHÖHTE RISIKO GEACHTET WERDEN, in dem mit möglichst geringen Hebeln, ABER AUCH MIT WENIG GELD GEHANDELT WIRD.

Auf hochspekulative Anlagewerte sollte immer nur das Geld zum Einsatz kommen, dessen Verlust, man sich jeweils, selbst auch leisten kann, falls die Strategie(en) NICHT FUNKTIONIEREN.

Achten Sie darauf: Um so höher der Hebel ist, desto RISIKOREICHER UND VOR ALLEM, UM SO SCHNELLER IST IHR GESAMTES EINGEZAHLTES GELD VERLOREN. Beachten Sie bitte, das einige Anbieter, die Verluste nicht decken, wenn ein Minuskontostand auf dem Margin-/Brokerhandelskonto auftritt.

http://trading-der-besten.de/

Beispiele von einigen (beliebten und häufig genutzten) Signalgeber und Signalnehmer Plattformen

Derivate-, Devisen-, Differenzkontrakte- und Spreadhandel

http://zulutrade.com/

http://mql4.com/

https://mql5.com/

http://ayondo.com/

http://etoro.com/

Zertifikate- und/oder sonstiger Derivatehandel

http://wikifolio.com/

!! Weitere Hinweise (zum recherchieren und lesen) !!

http://investing.com/signals-systems

http://copytrader.info/

http://copytrader.info/category/autotrading

http://copytrader.info/category/copytrading

Häufig bieten auch die jeweiligen Anbieter (Handelsbroker) eigene Signalgeber und Signalnehmer Plattformen an.

http://trading-zum-probieren.jimdo.com/strategien/

!! Es gibt natürlich sehr viele weitere Handelsstrategien !!

Es gibt bessere, andere und schlechtere Handelsarten und Handelsstrategien. Am besten ist (sollte Interesse für diese Handelsarten bestehen) mehrere Strategien zu nutzen (am besten auch auf verschiedenen Konten).

Beispielsweise:

"Ein Konto mit zwei bis drei Strategien" **und/oder** "Ein Konto mit einer Strategie, dafür jedoch in 5 bis 10 verschiedenen Werten handeln (um einen gewissen Hedge aufzubauen)".

Wie genau es umgesetzt werden soll, muss jeder selbst überdenken und noch einmal gewissenhaft lesen, recherchieren und sich mit anderen Mitmenschen austauschen (mit Bekannten, Verwandten, in Foren, in Communitys und auf sonstigen sozialen Netzwerken).

http://trading-zum-probieren.jimdo.com/gute-empfehlungen/

http://trading-zum-probieren.jimdo.com/experts-zum-testen/

http://trading-zum-probieren.jimdo.com/einrichtungsanleitung/

http://einrichtungsbeispiele-expertbots.jimdo.com/

http://einrichtungsbeispiele-expertbots.jimdo.com/dateien/

Für den "Bot-/Expertadvisorhandel" wird ein virtueller Server benötigt. Hier unbedingt beim ausgewählten Anbieter vorab nachfragen, falls es nicht sicher ist, ob es sich um einen

virtuellen Server oder ein Webserver handelt.

http://de.wikipedia.org/wiki/Virtuelle_Maschine

Einige Vergleichslisten

http://webhosting-vergleich.biz/vergleich/vserver-vps

http://webhostlist.de/v-server/vergleich/

http://vserver-vergleich.de/

http://vserver-vergleich.eu/

http://webhostingvergleich24.com/lexikon/vps/

http://serververgleich.com/virtual-server-mieten

http://heise.de/artikel/vps-getestet

http://forexgermany.de/

Um nicht zu Beginn große Fehler mit echtem Geld zu machen, empfehle ich die "Backtesting" Funktion der Software, aber auch ersteinmal die Nutzung von Demo- und/oder Demowettbewerbskonten.

Bei der Empfehlung können (derzeit: Stand 2015) auch "Bots/Expertadvisor" verwendet werden.

Software:

http://metaquotes.net/

http://metaquotes.net/en/metatrader4

http://metaquotes.net/en/metatrader5

http://de.wikipedia.org/wiki/MetaTrader

http://trading-zum-probieren.jimdo.com/

Bei Interesse einfach-mal ausprobieren.

Trading

Automatisch und/oder Manuell und/oder Signalekopieren

(MIT WENIG GELD: Taschengeld und/oder Hobbygeld)

http://trading-zum-probieren.jimdo.com/gute-empfehlungen/

!! SEHR WICHTIG !!

Wenn Interesse besteht für diese Handelsart(Derivate-/Hebelwirkung-/Leveragehandel), ganz egal ob automatisch und/oder manuell und/oder über den Signalnehmer Handel gehandelt werden soll, nur im Hobby- und Kleinstanlegerberreich handeln. Als beispielhafter Wert (natürlich muss man diesen Wert anpassen) zwischen 5.000,- bis 10.000,- in diese hoch riskante Handelsart investieren und immer sehr gut streuen, dies kann umgesetzt werden indem immer mit verschiedenen Werten gehandelt wird (5 bis 10) und/oder mit mindestens 3 verschiedenen Strategien (mindestens 1 Strategie für Seitwärtsmärkte und 1 Strategie für Trendmärkte), dies als Empfehlung und Vorabinformation.

In diese Handelsart sollten (falls überhaupt Interesse besteht in dieser hochriskanten Anlagekategorie zu handeln) zwischen

1- und aller höchstens 10-Prozent vom gesamten Vermögen investiert werden und zwischen 5- bis 20-Prozent vom

Hobby-, und Freizeitgeld. Wie genau die prozentuale Verteilung pro Monat und/oder einmalig ausfällt ist die jeweilige Entscheidung von jedem einzelnen Interessenten.

Eine weitere Empfehlung:

So bald wie möglich nur noch mit den Gewinnen weiterspekulieren. So bald dies möglich ist die Hälfte der Gewinne (50-Prozent) realisieren (auszahlen lassen) und mit den anderen 50-Prozent der Gewinne weiterhandeln. Monatlich oder halbjährlich die Gewinne bis zu 50-Prozent realisieren.

Beispiele:

Monatlich 500 Euro verdient, davon 250 Euro ausbezahlen

ODER

Halbjährlich 3.000 verdient, davon 1.500 Euro ausbezahlen

Diese 50-Prozent vom Gewinn ausbezahlen lassen Strategie funktioniert erst dann wenn der gesamte Kontostand, hoch genug ist. Es ist sehr empfehlenswert den Kontostand

immer zwischen 3.000,- und 5.000,- zu halten, und auch unbedingt kleinere Hebelwirkungen zu verwenden, beispielsweise zwischen dem 5- und höchstens 30-fachen.

Weitere Hinweise zum Projekt "Trading"

1. Nur handeln wenn wirklich Interesse am Handeln bestehen sollte und wirklich gehandelt werden möchte (denn es ist nicht risikolos)!!

2. Zuvor genau recherchieren welche Vorteile/Nachteile und Chancen/Risiken eingegangen werden (nicht alle Anbieter decken, eventuell anfallende MINUSKONTOSTÄNDE)!!

3. Nur die Gelder einbezahlen deren Verluste man sich (im aller schlimmsten Fall) auch leisten kann!!

4. Wenig Geld, in diese hochspekulative Handelsart einbezahlen, anlegen, investieren und handeln (spekulieren)!!

5. Geringe Hebelwirkungen auswählen und auch niemals mehr als mit einem 30-fachen Hebel handeln (bei einem Hebel über dem 20-fachen bestehen schon sehr hohe Risiken, ein Hebel von dem 30-fachen, sollte NIEMALS ÜBERSCHRITTEN WERDEN)!!

6. Mit (5 bis 10) verschiedenen Währungspaaren handeln und auch

2-3 verschiedene Strategien (als so-zu-sagen: **Hedge-Lösung**)!!

7. Am besten nur mit Währungen handeln, da dies (derzeit) einer

der größten Märkte ist, die Hebelwirkung am aller besten

errechnet werden kann und die Währungsmärkte über der

Woche, zumeist rund um die Uhr geöffnet haben!!

8. WIRKLICH NUR HANDELN NACH EINER GUTEN RECHERCHE ÜBER DIE RISIKEN / CHANCEN und VORTEILE / NACHTEILE
(nach Bedarf: BERATUNGSGESPRÄCHE BEI EINEM BANK-
und/oder HONORARBERATER IN ANSPRUCH NEHMEN)!!

9. Diesen hoch riskanten (automatischen und/oder manuellen) Handel, als Hobby und Freizeitbeschäftigung ansehen (NICHT ZU ERNST NEHMEN) und dementsprechend niemals zu viel Geld einbezahlen und auch niemals zu hohe Hebelwirkungen auswählen!!

10. So bald wie möglich: Nur noch mit den Gewinnen weiterhandeln,
z. B.: alle 3 Monate 50 Prozent der Gewinne auszahlen lassen.

11. Den Kontostand immer zwischen 5.000,- und 7.000,- halten, wenn mit 10 Devisenpaaren mal 2 Strategien= "Expert Advisors" gehandelt wird oder gehandelt werden soll. Somit sind dann 20 Charts geöffnet.

Jeder Chart hat eine klare und eindeutige "MagicNumber":
1 Chart=1000 / 2 Chart=2000 / 3 Chart=3000 / 4 Chart=4000 /
5 Chart=5000 / 6 Chart=6000 / 7 Chart=7000 / 8 Chart=8000 /
9 Chart=9000 / 10 Chart=10000 / 11 Chart=11000 /

12 Chart=12000 / 13 Chart=13000 / 14 Chart=14000 /

15 Chart=15000 / 16 Chart=16000 / 17 Chart=17000 /

18 Chart=18000 / 19 Chart=19000 / 20 Chart=20000 /

Alles aufgezählte und auch die anderen Themengebiete sind als Beispiele und Empfehlungen zu verstehen.

... weitere Hinweise gibt es in den Dateidokumenten ...
Hierbei hat jede Datei interessante und relevante Infos.

http://www.sichtblick.com/#!dateinartikelbeitraegeempfehlungen/cv9p

http://www.sichtblick.com/#!sonstigedateinundmeineangebote/c1czn

http://forexgermany.de/

wissen-wir-das_Trading-Wissen_mit-Expertbot.pdf

Beispielhafte_Einrichtungswerte_und_Einrichtungsart.pdf

http://www.investopedia.com/terms/h/highwatermark.asp

http://www.sichtblick.com/#!verschiedeneempfehlungen/cn3f

Empfehlungen von anderen Internetseiten

Vor allem für die Softwareversion "Metatrader4" sinnvoll:

http://eatree.com/

http://molanis.com/

http://signalhandel-systems.com/Personal-EA

http://strategyquant.com/eawizard/

http://wallstreet-online.de/diskussion/advisor-erstellen

Für die Softwareversion "Metatrader5" gibt es einen "Wizard" der ohne Programmiersprache auskommen soll:

http://metatrader5.com/en/automated-trading/mql5wizard

https://mql5.com/en/articles/

http://trading-gurus.com/how-to-create-mt-5-experts-without-programming/

http://forexgermany.de/expert-advisors/expert-advisors.html

http://www.sichtblick.com/#!dateinartikelbeitraegeempfehlungen/cv9p

https://www.100webservices.de/homepage-baukasten/

https://www.homepage-baukasten-testsieger.de/?gclid=CMiCjvKV3cQCFXDLtAodNkAAdQ

http://www.websitetooltester.com/homepage-baukasten-test/

http://t3n.de/news/homepage-baukasten-517201/

https://www.vetalio.de/homepage-baukasten

http://praxistipps.chip.de/eigene-homepage-erstellen-die-3-besten-anbieter_13592

http://www.homepage-baukasten.com/homepage-baukasten-vergleich/anbieter-die-besten-homepage-baukasten-getestet

https://www.100webservices.de/homepage-baukasten/anbieter/

https://www.homepage-baukasten-testsieger.de/anbieter/

http://de.wikipedia.org/wiki/Webanwendung

http://www.sichtblick.com/#!dateinartikelbeitraegeempfehlungen/cv9p

Beispielhafte App Baukästen

(es gibt natürlich mehrere verschiedene Appbaukästen zur Auswahl)

http://t3n.de/magazin/marktuberblick-app-builder-mobile-apps-baukasten-233354/

http://www.flyacts.com/blog/8-baukasten-app-anbieter-im-vergleich-eine-marktanalyse/

http://baudeineapp.de/

http://www.appmakr.com/

http://appyourself.net/de

http://www.apptitan.de/de/

http://www.appconfector.de/

http://www.takeyourapp.com/

Wenn eine oder mehrere Apps veröffentlicht werden sollen, gibt es verschiedene Möglichkeiten, hier einige Beispiele

1. Finanzierung durch den direkten Verkauf (Festpreis)

2. Finanzierung durch "In-App-Käufe"

(die App ist mit bestimmten Inhalten kostenfrei, soll die Vollversion freigeschalten werden, muss ein "In-App-Kauf" getätigt werden)

3. Finanzierung durch Werbung

(Banner-, Textwerbung und sonstige Werbung in der App)

4. Kostenfrei

(für Hinweise, auf seine eigenen Angebote, beispielsweise: Internetseiten, Internetradio, Musik, Podcasts, Fotografien, Videokanäle, Bücher, E-Bücher, Hörbücher und so weiter)

5. Bücherregale und/oder Magazine/Zeitschriften Regale

mit kostenfreien und kostenpflichtigen Publikationen

6. App nach und mit Inhalten

mit kostenfreien und kostenpflichtigen Inhalten

Da die Herstellung und die Inhaltserstellung Zeit und Kosten in Anspruch nimmt, möchten wir uns alle, jeweils auch etwas, nebenher dazu verdienen, durch diese Tätigkeiten. Deshalb ist es empfehlenswert auch etwas zu verlangen. Die Frage ist nur wie genau und wo genau Geld verlangt werden soll. Auch eine wichtige und die entscheidende Frage ist, wie viel soll verlangt werden, pro einzelnem Verkaufsgut (Angebot: App, Datei, Dienstleistung und so weiter)? Lieber ein höherer Preis oder ein geringerer? Diese Frage kann keiner so einfach beantworten, am besten ist die Begutachtung der Preislisten von anderen Anbietern in der selben Kategorie. Hier kann dann der gleiche Preis gesetzt werden, leicht darunter oder auch so weit tiefer, wie es eben gemacht werden möchte.

http://www.sichtblick.com/#!dateinartikelbeitraegeempfehlungen/cv9p

Beispielhafte Anbieter für verschiedene Templates

Templates sind Softwarebestandteile (meist für die Ansicht und für Zusatzthemengebiete) die für verschiedene "CMS Tool Software" entwickelt werden. Hierbei können die verschiedensten Templates und Themes ausgewählt werden. Es handelt sich um Beispiele. Themes und Templates SIND NICHT UNBEDINGT ERFORDERLICH. Themes und Templates verbessern nur manchmal die Ansicht und Funktionalität (AUCH NICHT IMMER).

Ob Sie diese Zusatzsoftware verwenden ist also ganz Ihre Entscheidung, wie bei allen anderen Projektideen, Vorstellungen und Beispielen auch.

http://www.sichtblick.com/#!dateinartikelbeitraegeempfehlungen/cv9p

http://de.wikipedia.org/wiki/Content-Management-System

http://en.wikipedia.org/wiki/content_management_systems

http://goermezer.de/

http://de.wikipedia.org/wiki/Bloggies

http://de.wikipedia.org/wiki/Blogger

http://de.wikipedia.org/wiki/WordPress

http://de.wikipedia.org/wiki/Drupal

http://de.wikipedia.org/wiki/Joomla

http://de.wikipedia.org/wiki/Blogosphaere

http://de.wikipedia.org/wiki/Blogger

http://de.wikipedia.org/wiki/Blog

http://2015.bloggi.es/

http://de.wikipedia.org/wiki/Template

http://de.wikipedia.org/wiki/Template_(Programmierung)

http://top10bestwebsitebuilders.com

http://de.wikipedia.org/wiki/Webanwendung

http://de.wikipedia.org/wiki/Widget

Nun kann ausgewählt werden mit einem oder mehreren

"CMS-Tools" und/oder einem oder mehreren "Homepagebaukästen" und/oder selbst programmierte Internetseiten zu planen, zu erstellen und laufend zu verbessern.

Ein Webhoster muss gefunden und ausgewählt werden. Da es jedoch eine vielzahl an Testberichte, Listen und Vergleichsmöglichkeiten gibt, dürfte es keine Probleme geben.

http://www.sichtblick.com/#!dateinartikelbeitraegeempfehlungen/cv9p

Es gibt sehr viele Auswahlmöglichkeiten an den verschiedensten Baukästen für Applikationen, Internetseiten, CMS-Tools und so weiter. Genau aus diesem Grund ist auch diese Kategorie erstellt worden, um einen kleinen Überblick zu verschaffen.

Verschiedene online Nebenjobs Uebersicht.pdf

Affiliate_Nebenjob.pdf

Nuetzliche Seiten.pdf

Nebentätigkeit_mit_Sozialen_Netzwerken_Blogs_Internetseiten_und_so_weiter.pdf

Buecher_eBuecher_und_eZeitschriften_eMagazine_eZeitungen.pdf

Nebenjobtaetigkeiten_Wissen_Beispiele_Empfehlungen.pdf

Uebersicht_Beispielhafte_Vorabinformationen.pdf

Ernaehrung_Gesundheit_Rezepte_usw.pdf

http://www.sichtblick.com/#!dateinartikelbeitraegeempfehlungen/cv9p

Beispielhafte Empfehlungen

Weitere Hinweise, Ideen und Möglichkeiten

https://mql5.com/en/Write+Article

https://metatrader-experts.de/services/mql4-programmierung

https://cloud.mql5.com/de/faq

https://cloud.mql5.com/en/about

http://tom-next.com/community/topic/payments-and-jobs/

http://ariva.de/news/MetaTrader-4-und-5-bald-kompatibel

http://trading-der-besten.de/metatrader-signal-provider/

http://de.investing.com/education/metatrader-5

http://forexfabrik.de/topic/literatur-zu-mql5

https://pheed.com/

https://1414.de/

http://social-media-online-marketing.com/

http://cash4webmaster.de/social-media

http://cash4webmaster.de/anbieter

http://selbstaendig-im-netz.de/verdienen-mit-socialmedia

http://social-media-tipps.net/geld-verdienen

http://sharemax.de/

http://social-fans.de/

http://online-geld-verdienen-erfahrungsberichte.de

http://cash4webmaster.de/affiliate-netzwerke

http://www.sichtblick.com/#!lesedokumente/c140x

http://www.sichtblick.com/#!dateinartikelbeitraegeempfehlungen/cv9p

Weitere Projektmöglichkeiten in unregelmäßigen Zeitabständen neue recherchiert und in Lese-Dokumente (Lese-Datein) gezeigt

Beispiele von weiteren Porjektmöglichkeiten können sein

Homepagebaukästen

Zusätzlich oder als Alternative zu "CMS-Tools"

CMS-Tools

Welche "Content-Management-Systeme (CMS)" gibt es

"CMS" zum Aufbau von Blogs und/oder Internetseiten

Widgets/Templates und/oder Software

Programmieren und/oder programmieren lassen

zum verkaufen und/oder verschenken

Freelancing: Programmieren und sonstige Arbeiten auf Abruf

(über Plattformen und so weiter)

Texte schreiben

(über Plattformen und so weiter)

Gastartikel schreiben auf themenverwandte Blogs

verschiedene Themengebiete und verschiedene Blogs

Stammautor werden (Stammschreiber)

auf verschiedenen oder einem Blog (einer Internetseite)

Außerdem wird weiterhin recherchiert und hier in unregelmäßigen Zeitabständen über neue und weitere Möglichkeiten berichtet

http://www.sichtblick.com/#!lesedokumente/c140x

http://www.sichtblick.com/#!verschiedeneempfehlungen/c1xej

Vor allem sehr empfehlenswert (BEISPIELE) in diesen

Trading-Software Communitys (Foren und sozialen Netzwerken)

http://mql4.com/

https://mql5.com/

https://mql5.com/en/job/freelancer

Hier bestehen viele Möglichkeiten,

anbei einige Beispiele:

1. Signalen folgen (kostenfrei und kostenpflichtig)

2. Signale anbieten (kostenfrei und kostenpflichtig)

3. "Expert Advisors/Bots" programmieren und anbieten (Verkauf)

4. "Expert Advisors/Bots" (Kauf)

5. Artikel schreiben

6. Austauschen (Netzwerken: Fragen stellen und Antworten geben)

... und noch mehr ...

Verschiedene Plattformen zum Thema "Programmieren lassen"

Beispiele von Plattformen (es gibt noch viel mehr freie Programmierer, Entwickler in den verschiedensten Programmiersprachen), hier nur ein sehr kleiner Auszug, aus den sehr vielen Entwicklern und Plattformen

https://www.twago.de/

https://www.twago.de/sem/a/Programmierer-gesucht?r=ggde99-rereimmargorp&gclid=CM7bxLyn3cQCFQTJtAodTmcAyA

http://www.programmier-schmiede.de/

http://www.freelancermap.de/

http://www.app-entwickler-verzeichnis.de/

http://www.app-entwickler-verzeichnis.de/programmierer-suchen

http://www.freelancer-suche.com/Programmierer/52/fb/74.html

http://www.ecomars.com/programmierer/mitglieder/cgi-programmierer

http://www.sellapp.de/

http://www.twago.de/expert/HTML-Programmierer/HTML-Programmierer

http://www.freelancermap.de/projektboerse.html?gclid=CM7j4aGo3cQCFaSWtAodXSUAfg

Beispiele für "Expert Advisor" Progammierer

Ein Auszug, es gibt viel mehr verschiedene Entwickler und Angebote

https://metatrader-experts.de/de/services/mql4-programmierung.html

https://quivofx.com/mql-programming/

http://www.xyzo-trade-robots.de/

http://www.ea-programmierung.de/

Das Forum zum Wissensaufbau und zum einlesen (falls noch keine Erfahrung besteht oder noch mehr Erfahrung erst einmal gesammelt werden soll):
http://www.expert-advisor.com/

http://www.expert-advisor.com/forum/metatrader-4/programmierung-mql4/

"Expert Advisor" ("Bots") gibt es als "mql4" und "mql5" Programmierersprache

http://www.sichtblick.com/#!dateinartikelbeitraegeempfehlungen/cv9p

Affiliatemarketing/Internetseiten (Sozialenetzwerke)

verschiedene Themenbereiche, Themengebiete und Kategorien

Nach Interesse und Bedarf in dieser Projektekategorie

Beraten lassen, ob es ein "Freier Beruf" ist oder ein "Gewerbeschein" (vielleicht sogar eine "Firmengründung") notwendig ist (wie bei allen anderen Projektmöglichkeiten auch) danach:

1. Bei einem oder mehreren "Affiliate Netzwerken" anmelden.

2. Eine oder mehrere Kategorien (Themengebiete) auswählen.

3. Eine oder mehrere Internetseiten (Themengebiete) planen.

4. Die Planungen der Internetseite(n) verfeinern und ausreifen.

5. Internetseite(n) programmieren und/oder einen Baukasten zur Progammierung, der eigenen Webseite verwenden.

http://de.wikipedia.org/wiki/Freier_Beruf_(Deutschland)

http://de.wikipedia.org/wiki/Selbststaendigkeit_(beruflich)

http://de.wikipedia.org/wiki/Dienstleistungen

http://de.wikipedia.org/wiki/Freie_Gewerbe

http://de.wikipedia.org/wiki/Freischaffender

http://de.wikipedia.org/wiki/Freier_Mitarbeiter

Netzwerke können auf den nachfolgenden Seiten angesehen, selbst recherchiert und in Erfahrung gebracht werden

http://gruenderszene.de/das-richtige-affiliate-netzwerk

http://100partnerprogramme.de/affiliate-top-10-netzwerke

http://affiliateblog.de/affiliate-agenturen-2013/

http://omkt.de/affiliate-netzwerke/

http://affiliate-marketing-tipps.de/affiliate-im-test/

http://affiliate-marketing-tipps.de/affiliate-news/

http://deutsche-startups.de/welches-affiliate-ist-das-richtige

http://webmasterpro.de/was-ist-affiliate-marketing

http://seo-united.de/affiliate-netzwerk

http://cash4webmaster.de/affiliate-netzwerke

http://de.wikipedia.org/wiki/Homepage-Baukasten

http://de.wikipedia.org/wiki/Content-Management-System

http://de.wikipedia.org/wiki/Enterprise-Content-Management

http://de.wikipedia.org/wiki/Content-Management-System

http://de.wikipedia.org/wiki/Webserver

http://de.wikipedia.org/wiki/Hosting

http://de.wikipedia.org/wiki/HTML-Editor

http://de.wikipedia.org/wiki/ApplicationServiceProvider

http://de.wikipedia.org/wiki/Template-Engine

http://de.wikipedia.org/wiki/Template

http://de.wikipedia.org/wiki/Template_(Programmierung)

http://de.wikipedia.org/wiki/Template-Toolkit

http://de.wikipedia.org/wiki/Template-Metaprogrammierung

http://de.wikipedia.org/wiki/Hosting

http://de.wikipedia.org/wiki/Server

http://dmoz.org/search?q=baukasten

Weitere Empfehlung:
Es kann über dieses Thema oder die Themen, von denen auch die Internetseite/Internetseiten besteht/bestehen, zusätzlich als Angebote: E-Bücher, E-Magazine, Bücher, mobile Apps (für verschiedene Betriebssysteme) und so weiter durchdacht, geplant und (je nach Wunsch) umgesetzt werden.

http://www.sichtblick.com/#!lesedokumente/c140x

Nebentätigkeit_mit_Sozialen_Netzwerken_Blogs_Internetseiten_und_so_weiter.pdf

Nebenjobtaetigkeiten_Wissen_Beispiele_Empfehlungen.pdf

Nuetzliche Seiten.pdf

Affiliate_Nebenjob.pdf

Unter Dienstleistungen sind im klassischen Sinne, beispielsweise auf Haustiere aufpassen, Wohnungen/Häuser reinigen, Nachhilfe geben, Autowaschen, Müllwegtragen, Essen kaufen gehen, kleine Handwerksleistungen durchführen, Rasenmähen und auch Zeitungen austragen zu verstehen, aber es gibt noch viel mehr Möglichkeiten im Internet (Online), als auch Offline in der realen Welt nebenher etwas (freizeitlich) zu verdienen, das auch mehr oder weniger Spaß machen sollte.

Denn mit Spaß an der Freud, ist Geld selbstverständlich viel leichter, schneller und besser verdient, als ohne Spaß an der Arbeit.

Offline Tätigkeiten (in der realen Welt) können und sollten auch zusätzlich noch getan werden.

Jedoch geht es mir hier vor allem um die Internetdienstleistungen, wie beispielsweise:

Texte schreiben, Rechtschreibfehler von Internetseiten, Apps und sonstigen Medien korrigieren, aber natürlich auch um Übersetzungen von Internetseiten und sonstigen Medien.

Hier gibt es viele Plattformen die Auftraggeber (Kunden) und Anbieter (Arbeiter/Freelancer) zusammen führen, aber auch direkte Ausschreibungen (beispielsweise in Kleinanzeigen) können eine Möglichkeit darstellen (wenn man vertraut, das dann der kleine Verdienst auch ausbezahlt wird).

Plattformen gibt es viele, sie werden oft verschieden benannt:

"Freelancer Plattformen"

"Haushaltshilfe Plattformen"

"Mini Job Zentralen Plattformen"

"Programmierer Plattformen"

Wenn man programmieren kann, können auch Aufgaben gefunden werden:

"Programmierdienstleiser Plattformen"

"Programieranbieter"

Aber auch bei der Trading Community für den "Metatrader" von "Metaquotes". Hierbei geht es um die Programmierung von Handelscodes (Bots/Expertadvisors), von Indikatoren und/oder es kann auch mit Texte schreiben etwas nebenher verdient werden.

http://mql4.com/

https://mql5.com/

Auf den Community Plattformen (**"mql4"** und **"mql5"**) gibt es derzeit (Stand: 2015), die Möglichkeit Handelssignale anzubieten, aber auch Handelssignale von anderen Händlern (die manuell und/oder automatisch handeln) zu abonieren und demnach, somit zu empfangen (die Auswahl der richtigen Signale ist mehr oder weniger komplex und eine ganz andere Geschichte). Signale die nach dem abonieren, ausgeführt werden, handeln so gesehen ebenso automatisch wie ein "Expertadvisor", es gibt nur eben, sehr viele verschiedene Handelsstrategien und Anbieter. Hierbei ist wichtig zu wissen, das es kostenpflichtige und kostenfreie Signale gibt, aber auch, das kostenfreie Signale, jederzeit auf kostenpflichtig umgestellt werden können, dann muss entschieden werden, ob dem Signal, auch kostenpflichtig gefolgt werden soll. Möchte man seinen eigenen Handel (egal ob automatisch und/oder manuell) als Signal anbieten, ist dies ebenso kostenfrei als auch kostenpflichtig möglich.

Kostenpflichtige Signale haben erst dann eine Chance, an Folgern zu gewinnen, wenn diese kostenpflichtige Signale, auch schon längerfristig zuverlässig, mit geringen Schwankungen (Verlusten)mehr oder weniger hohe Gewinne realisieren.

Auch hier muss eine eigene Meinung auf- und ausgebaut werden, um möglichst gut und richtig (wahrhaftig) entscheiden zu können.

Es gibt selbstverständlich eine Vielzahl an weiteren Möglichkeiten und hierbei, beispielsweise auch (vor allem) an vielen verschiedenen Handelssignal- /Kopiererplattformen.

Weitere Dienstleistungen und Empfehlungen hierzu,

mit einem Klick auf: WEITERE HINWEISE ZU NEBENJOBS

(führt auf eine andere Seite, der sichtblick.com Seite).

https://mql5.com/en/articles/Write+Article+and+Earn+Money

Nachfolgend beispielhafte Plattformen, Empfehlungen über das Schreiben, aber auch andere (online) Arbeiten

http://schreibplattform.de/wie-kann-ich-mit-schreiben-geld-verdienen-ohne-ein-buch-zu-veroffentlichen/

http://de.wikipedia.org/wiki/Kollaboratives_Schreiben

http://leselupe.de/

http://clickworker.com/de

http://de.wikipedia.org/wiki/Clickworker

http://nebenjob.de/njtipps/nebenjob-clickworker-humangrid.html

http://netzwertig.com/clickworker-crowdsourcing

http://zeit.de/digital/internet/clickworking-microtasking-deutschland

http://freelancermap.de/projektboerse

http://autaak.de/18-projektboersen-fuer-freelancer-und-unternehmen/

http://gruenderlexikon.de/besten-moeglichkeiten

https://freelance.de/

http://t3n.de/news/webdesignern/

https://twago.de/Plattform-Freelancer

https://projektwerk.com/de/

http://golem.de/projektboerse-xing-startet-marktplatz

http://ragazzi-group.de/wo-sie-als-freelancer-auftrage-finden/

http://interlance.de/

http://machdudas.de/

http://pagecontent.de/

http://contilla.de/

https://textbroker.de/

http://contentmaximus.de/

https://elance.com/

http://content.de/

http://blog.content.de/

Kurzfilme/Dokumentation(en) für Videoplattformen

Lustiges, Anleitungen (Erklärungen), Informationen, Beispiele,

Ideen, Vorstellungen, Natur, Länder, Reisen und so weiter

Videoplattformen gibt es viele und dementsprechend kann auch auf diesen verschiedenen Videoplattformen etwas nebenbei verdient werden. Es gibt sehr bekannte Plattformen und weniger bekannte Videoplattformen. Verdient werden kann (meist) durch Werbeeinnahmenbeteiligungen und/oder Spendeneinnahmen.

http://www.sichtblick.com/#!lesedokumente/c140x

Fotografie (verschiedene Kategorien, z. B. Natur)
Microstockagenturen und Verkaufsportale

http://www.fineartprint.de/community

http://www.fineartprint.de/partnershops

https://de.fotolia.com/Info/Contributors/GeneralInformation

http://www.zenfolio.com/

http://www.gettyimages.de/

http://www.istockphoto.com/

http://www.thinkstockphotos.de/

http://www.photos.com/

http://submit.shutterstock.com/?language=de

http://www.fotograf.de/

http://www.photobox.de/

https://www.pictrs.com/?l=de

http://www.portraitbox.com/

https://www.exclupics.com/

http://www.chromorange.de/fotos-vermarkten-verkaufen.html

http://de.stockfresh.com/info/contributors

http://de.depositphotos.com/seller-price.html

http://www.chip.de/artikel/Eigene-Fotos-online-verkaufen-Wie-mit-Fotografie-Geld-verdienen_71048748.html

http://praxistipps.chip.de/eigene-fotos-online-verkaufen-die-besten-webseiten_30311

http://www.fotos-verkaufen.de/kategorie/bildagenturen

http://www.focus.de/digital/foto/microstock-agenturen-mit-eigenen-fotos-im-internet-geld-verdienen_aid_706183.html

https://www.fotoportopro.de/

http://www.fotosverkaufen.net/

http://www.fotocommunity.de/forum/fotografie-allgemein/bilder-online-verkaufen---100368

http://www.bilderverkaufen.com/

http://www.sichtblick.com/#!lesedokumente/c140x

Web Apps

Progammieren und/oder progammieren lassen

zum verkaufen und/oder verschenken

http://de.wikipedia.org/wiki/Webanwendung

Web Apps (Webanwendungen) gibt es sowohl als Online-Web Apps (die Internetverbindung muss angeschalten sein),

als auch als Offline-Web Apps (die Internetverbindung

kann auch ausgeschalten bleiben).

Darüberhinaus gibt es verschiedene Möglichkeiten:

Es gibt Web Apps in Online App Stores (Browser Online App Stores) zum herunterladen und auf Internetseiten.

Für Homepagebaukästenbenutzer, Internetseitennutzer (Internetseitenbesucher) und für Programmierer die neue Web Apps programmieren/anbieten möchten. Diese Web Apps von Internetseiten sind dementsprechend (zumindest meist) nur

bei einer bestehenden Internetverbindung möglich.

http://www.sichtblick.com/#!lesedokumente/c140x

Smart-TV Apps

Programmieren und/oder programmieren lassen

zum verkaufen und/oder verschenken

Derzeit habe ich noch keinen Baukasten für Smart TV Apps gefunden aber ich recherchiere und suche weiter.

Interessante Beiträge werden (in unregelmäßigen Zeitabständen) folgen. Bei diesen Beiträgen geht es entweder um reine Verlinkungen auf andere oder meine Seiten oder es werden auch selbst verfasste Artikel geschrieben. Dieses "Smart-TV App" Themengebiet ist mindestens genauso interessant wie alle anderen Themengebiete (die es noch so im allgemeinen und auf diesen Internetseiten gibt), also drann bleiben: Informieren. Lesen. Gut Recherchieren. Anregungen suchen, finden und annehmen.

http://www.sichtblick.com/#!lesedokumente/c140x

Web Apps

Progammieren und/oder progammieren lassen

zum verkaufen und/oder verschenken

http://de.wikipedia.org/wiki/Webanwendung

Web Apps (Webanwendungen) gibt es sowohl als Online-Web Apps (die Internetverbindung muss angeschalten sein),

als auch als Offline-Web Apps (die Internetverbindung

kann auch ausgeschalten bleiben).

Darüberhinaus gibt es verschiedene Möglichkeiten:

Es gibt Web Apps in Online App Stores (Browser Online App Stores) zum herunterladen und auf Internetseiten.

Für Homepagebaukästenbenutzer, Internetseitennutzer (Internetseitenbesucher) und für Programmierer die neue Web Apps programmieren/anbieten möchten. Diese Web Apps von Internetseiten sind dementsprechend (zumindest meist) nur

bei einer bestehenden Internetverbindung möglich.

http://www.sichtblick.com/#!lesedokumente/c140x

Smartphone/Tablet/Smartwatch Apps

Progammieren und/oder progammieren lassen und/oder Appbaukästen verwenden, zum verkaufen und/oder verschenken

http://t3n.de/magazin/marktuberblick-app-builder-mobile-apps-baukasten-233354/

http://www.flyacts.com/blog/8-baukasten-app-anbieter-im-vergleich-eine-marktanalyse/

http://baudeineapp.de/

http://www.appmakr.com/

http://appyourself.net/de

http://www.apptitan.de/de/

http://www.appconfector.de/

http://www.takeyourapp.com/

Wenn eine oder mehrere Apps veröffentlicht werden sollen, gibt es verschiedene Möglichkeiten, hier einige Beispiele

1. Finanzierung durch den direkten Verkauf (Festpreis)

2. Finanzierung durch "In-App-Käufe"

(die App ist mit bestimmten Inhalten kostenfrei, soll die Vollversion freigeschalten werden, muss ein "In-App-Kauf" getätigt werden)

3. Finanzierung durch Werbung

(Banner-, Textwerbung und sonstige Werbung in der App)

4. Kostenfrei

(für Hinweise, auf seine eigenen Angebote, beispielsweise: Internetseiten, Internetradio, Musik, Podcasts, Fotografien, Videokanäle, Bücher, E-Bücher, Hörbücher und so weiter)

5. Bücherregale und/oder Magazine/Zeitschriften Regale

mit kostenfreien und kostenpflichtigen Publikationen

6. App nach und mit Inhalten

mit kostenfreien und kostenpflichtigen Inhalten

Da die Herstellung und die Inhaltserstellung Zeit und Kosten in Anspruch nimmt, möchten wir uns alle, jeweils auch etwas, nebenher dazu verdienen, durch diese Tätigkeiten. Deshalb ist es empfehlenswert auch etwas zu verlangen. Die Frage ist nur wie genau und wo genau Geld verlangt werden soll. Auch eine wichtige und die entscheidene Frage ist, wie viel soll verlangt werden, pro einzelnem Verkaufsgut (Angebot: App, Datei, Dienstleistung und so weiter)? Lieber ein höherer Preis oder ein geringerer? Diese Frage kann keiner so einfach beantworten, am besten ist die Begutachtung der Preislisten von anderen Anbietern in der selben Kategorie. Hier kann dann der gleiche Preis gesetzt werden, leicht darunter oder auch so weit tiefer, wie es eben gemacht werden möchte.

http://www.sichtblick.com/#!lesedokumente/c140x

Über Designs nachdenken, entwickeln (entwerfen/skizzieren), verfeinern, überdenken, noch mal verfeinern und veröffentlichen

http://de.wikipedia.org/wiki/Spreadshirt

http://spreadshirt.de/verkaufen

http://spreadshirt.net/select-your-region

http://blog.spreadshirt.net/de/

http://spreadshirt.de/alternativ

http://spreadshirt.de/assistent-hilfe-support

http://nebenjob.de/nachgefragt/spreadshirt.html

http://eine-million-verdienen.de/spreadshirt-was-ist-spreadshirt/

http://board.gulli.com/alternative-zu-spreadshirt/

http://shirtdruckvergleich.de/shirt-druck-testberichte

http://similarsitesearch.com/de/seiten/spreadshirt.de

http://macuser.de/forum/Eigene-T-Shirt-Shops-Alternativen

http://gutefrage.net/frage/alternative-zu-spreadshirt

http://boardunity.de/spreadshirt-de-alternativen.html

http://traum-projekt.com/alternativen-zu-spreadshirt.html

http://alternativeto.net/software/spreadshirt/

http://www.sichtblick.com/#!lesedokumente/c140x

Musik (verschiedene Musikkategorien/Musikarten)

machen (mit Musiksoftware) und verkaufen/verschenken

https://www.feiyr.com/

http://www.zimbalam.de/

https://www.recordjet.com/

http://www.tradebit.de/

http://www.sichtblick.com/#!lesedokumente/c140x

Internetradio

Informationen, Wissen, Innovationen, Vorstellungen, Berichte, Neues, Empfehlungen, Musik und so weiter

(verschiedene Kategorien)

http://www.helpster.de/eigenes-webradio-erstellen-so-geht-s-kostenlos_33263

http://www.myradio24.de/wie-mache-ich-webradio.php

http://www.radio-net.org/eigenes_webradio_erstellen.php

http://www.mpex.net/info/radio.html

http://www.eigener-radio-stream.de/anleitung.html

http://www.eigener-radio-stream.de/

http://streamerp2p.de/cms/

http://teklab.de/?gclid=CIbe5pqk3cQCFSr3wgodKjcA0A

http://de.wow.com/search?s_pt=aolsem&s_it=aolsem&s_chn=84&q=eigenes%20webradio%20betreiben

http://www.gutefrage.net/frage/wo-kann-ich-ein-eigenes-internetradio-kostenlos-erstellen-

http://www.sichtblick.com/#!lesedokumente/c140x

Podcasts

Neuigkeiten/Vorstellungen, Philosophie, Projekte, Empfehlungen, Erklärungen, Lustiges, Relevantes, Innovationen und so weiter (verschiedene Kategorien)

http://www.audiobeitraege.de/das-podcast-logo-fuer-itunes-darf-es-etwas-groesser-sein-2/

https://www.apple.com/de/itunes/podcasts/specs.html

https://www.apple.com/de/itunes/podcasts/creatorfaq.html

http://www.schulpodcasting.info/podcast_rss_datei.html

http://coachingprodukte-entwickeln.de/podcast-erstellen/

http://www.mirabyte.com/de/produkte/feedwriter/tutorial.html

http://forum.chip.de/apple-iphone/itunes-podcast-erstellen-1434114.html

http://www.pcwelt.de/ratgeber/Schritt-fuer-Schritt-Anleitung-Podcast-Alles-was-Sie-wissen-muessen-6587723.html

http://www.gutefrage.net/frage/itunes-podcast-erstellen

http://www.sichtblick.com/#!lesedokumente/c140x

Hörbücher

Geschichten/Kurzgeschichten, Wissenswertes, Innovationen, Technologie, Computer/IT, Hardware, Software,

Applikationen, Philosophie, Fachhörbücher und so weiter

(verschiedene Kategorien)

https://www.feiyr.com/c/de/productsAndServices

http://www.sichtblick.com/#!lesedokumente/c140x

Bücher

Geschichten/Kurzgeschichten, Wissenswertes, Innovationen, Technologie, Computer/IT, Hardware, Software,

Applikationen, Philosophie, Fachbücher und so weiter

(verschiedene Kategorien)

https://www.createspace.com/

https://100fans.de/

http://www.crowdfunding.de/

http://www.sichtblick.com/#!lesedokumente/c140x

E-Bücher

Geschichten/Kurzgeschichten, Wissenswertes, Innovationen, Technologie, Computer/IT, Hardware, Software,

Applikationen, Philosophie, Fachbücher und so weiter

(verschiedene Kategorien)

https://www.feiyr.com/

https://100fans.de/

http://www.tradebit.de/

https://kdp.amazon.com/

http://www.sichtblick.com/#!lesedokumente/c140x

http://www.buchveroeffentlichen.com/anleitung-ebook-im-ibook-store-selbst-verkaufen/

http://www.bookdesigns.de/

http://www.buchveroeffentlichen.com/eigenes-buch-in-google-play-veroeffentlichen/

Finden Sie verschiedene Projektmöglichkeiten und Ideen.

Als Beispiele und Vorstellungen.

http://www.sichtblick.com/#!dateinartikelbeitraegeempfehlungen/cv9p

http://relevante-beitraege.wirfinit.de/

Weitere Hinweise (Empfehlungen):

http://www.gruenderlexikon.de/magazin/brauche-ich-als-gruender-ein-geschaeftskonto-faq-12

http://www.gruenderlexikon.de/nebengewerbe

http://www.gruenderlexikon.de/geschaeftskonto

http://www.gruenderlexikon.de/foerdermittel

https://www.google.de/?gws_rd=ssl#q=gewerbeschein+als+blogger

http://kleingewerbe-info.de/muss-man-als-blogger-ein-gewerbe-anmelden/

http://geld-im-internet20.de/2012/11/25/wann-muss-ich-als-blogger-ein-gewerbe-anmelden/

http://kleingewerbe-info.de/category/ideen/

http://kleingewerbe-info.de/category/grundung/

http://kleingewerbe-info.de/category/kundengewinnung/

http://kleingewerbe-info.de/10-marketing-tipps-von-der-stange/

http://kleingewerbe-info.de/category/planung/

http://kleingewerbe-info.de/category/allgemein/

http://kleingewerbe-info.de/was-ist-der-unterschied-zwischen-einer-euer-und-einer-guv/

http://kleingewerbe-info.de/ausfuellhilfe-gewa1/

http://kleingewerbe-info.de/mit-crowdfunding-zum-unternehmenskredit/

https://www.blog-camp.de/buerokratie/

http://www.sichtblick.com/#!projektmoeglichkeitenbeispiele/ca4p

Wissen,_Hinweise_und_Ideen_Büchlein.pdf

WirtschaftFinanzenComputerMenschlichkeitPhilosophieVerständnisRespektvollerUmgan

Ein sehr großes und gutes Angebot gibt es jeweils, auf den unten nachfolgenden Bannern. Bitte beachten Sie die Werbung (Empfehlungen) werden Ihnen nur an einem Computer mit einem Betriebssystem angezeigt.

Auf mobilen Browsern werden diese Banner

(Empfehlungen) HÄUFIG NICHT ANGEZEIGT.

Vielleich funktioniert es bei Ihnen.

Falls Sie nichts sehen können, gilt:

Bitte verwenden Sie einen Computer und kein mobiles Gerät (Smartphones, Tablet und andere Hardware funktionieren dann in diesem Fall LEIDER NICHT).

Auf diesen Internetseiten geht es um viele verschiedene Projektideen, Vorstellungen verschiedener Hobbys und Tätigkeiten für nebenbei.

Der Inhalt handelt sich um:
Beispiele, Vorstellungen, Ideen, Innovationen, Projekte, Zusammenarbeit, Teamarbeit, Arbeitsgemeinschaft, Kulturenaustausch, Zusammenhalt, Gemeinsame-Entfaltung, Gemeinsame-Strategien und Verständnis untereinander.

Sehen Sie sich alle Seiten und Unterseiten genauer an.

http://www.sichtblick.com/#!dateinartikelbeitraegeempfehlungen/cv9p

http://www.sichtblick.com/#!sonstigedateinundmeineangebote/c1czn

Beispiele von Projekten

E-Bücher

Geschichten/Kurzgeschichten (verschiedene Kategorien), Wissenswertes, Innovationen, Technologie, Computer/IT, Hardware, Software, Applikationen, Philosophie, Fachbücher und so weiter

Bücher

Geschichten/Kurzgeschichten (verschiedene Kategorien), Wissenswertes, Innovationen, Technologie, Computer/IT, Hardware, Software, Applikationen, Philosophie, Fachbücher und so weiter

Hörbücher

Geschichten/Kurzgeschichten (verschiedene Kategorien), Wissenswertes, Innovationen, Technologie, Computer/IT, Hardware, Software, Applikationen, Philosophie, Fachhörbücher und so weiter

Podcasts

Neuigkeiten/Vorstellungen, Philosophie, Projekte und so weiter

Internetradio

Informationen, Wissen, Innovationen, Vorstellungen, Berichte, Neues, Empfehlungen, Musik und so weiter

Musik (verschiedene Musikkategorien/Musikarten)

machen (mit Musiksoftware) und verkaufen/verschenken

Fotografie (verschiedene Kategorien, z. B. Natur)

Microstockagenturen und Verkaufsportale

Kurzfilme/Dokumentation für Videoplattformen

Lustiges, Anleitungen (Erklärungen), Informationen, Beispiele,

Ideen, Vorstellungen, Natur, Länder, Reisen und so weiter

Smartphone/Tablet/Smartwatch Apps

Progammieren und/oder progammieren lassen und/oder Appbaukästen verwenden, zum verkaufen und/oder verschenken

Web Apps

Progammieren und/oder progammieren lassen

zum verkaufen und/oder verschenken

Smart-TV Apps

Programmieren und/oder programmieren lassen

zum verkaufen und/oder verschenken

Homepagebaukästen

Zusätzlich oder als Alternative zu "CMS-Tools"

CMS-Tools

Welche "Content-Management-Systeme (CMS)" gibt es

"CMS" zum Aufbau von Blogs und/oder Internetseiten

Affiliatemarketing/Internetseiten/Sozialenetzwerke

verschiedene Themenbereiche, Themengebiete und Kategorien

Widgets/Templates und/oder Software

Programmieren und/oder programmieren lassen

zum verkaufen und/oder verschenken

Trading

Automatisch und/oder Manuell und/oder Signalekopieren

(MIT WENIG GELD: Taschengeld und/oder Hobbygeld)

... und **weitere/sonstige Projektmöglichkeiten** (Vorstellungen, Beispiele und Ideen) zum lesen, ansehen und/oder umsetzen ...

als Hobby, Freizeitbeschäftigung und kleine Nebenverdienste

... und das aller-beste:

Alle Einsichten, Empfehlungen, Beispiele, Erklärungen und sonstige Internetseiteninhalte

sind und bleiben kostenfrei ...

Beim Trading beispielsweise, muss eigenes Geld eingesetzt werden, das ist dann so-zu-sagen:

NICHT MEHR KOSTENFREI, außer es läuft gut und es wird mehr gewonnen, als VERLOREN.

Deshalb auch die Empfehlung:

Demowettbewerbskonten verwenden

!!(FALLS INTERESSE BESTEHEN SOLLTE)!!

Da sehr viel Zeitaufwand in den Recherchen, Empfehlungen, geschriebenen Artikeln und anderen weiteren Aufgaben-/Projektgebieten anfallen, wird um <u>eine **freiwillige** (**GERINGE** UND **KLEINE**) Unterstützung gebeten</u>, **dies kann**, aber **muss nicht** <u>getan werden</u>.

Möglichkeiten hierzu sind:

Apps und/oder e-Bücher (eines meiner Angebote) kaufen und/oder kleine spenden und so weiter.

<u>http://www.sichtblick.com/#!sonstigedateinundmeineangebote/c1czn</u>

<u>Vielen herzlichen Dank.</u>

HINWEIS

<u>Es handelt sich des öfteren um Überblicks- und Übersichtsseiten</u>

Aufgrund der vorhandenen Mengen an Daten, und vielerlei verschiedenen Möglichkeiten, fehlen selbstverständlich Angaben.

Es kann nicht auf Vollständigkeit geachtet werden, da die Masse und vorhandenen Angebote (Möglichkeiten) einfach schon viel zu groß sind. <u>Sie müssen daher (bei Interesse), je nach Interessens- und Themengebieten selbst noch einmal recherchieren.</u>

Alle Themengebiete sind interessant, relevant und auch (mehr oder weniger leicht) umsetzbar (Text, Audio und Visuelles, zum ansehen).

http://www.sichtblick.com/#!sonstigedateinundmeineangebote/c1czn

Interessante Beiträge werden (in unregelmäßigen Zeitabständen) folgen. Bei diesen Beiträgen geht es entweder um reine Verlinkungen auf andere oder meine Seiten oder es werden auch selbst verfasste Artikel geschrieben. Diese unterschiedlichen und sehr vielfältigen Themengebiete sind mindestens genauso interessant wie alle anderen Themengebiete, die es noch so im allgemeinen gibt.

Es wird weiterhin recherchiert und hier in unregelmäßigen Zeitabständen über neue und weitere Möglichkeiten berichtet

Also dann mal, drann bleiben:

Informieren. Lesen. Schauen. Gut Recherchieren.

Anregungen suchen, finden und annehmen, so weit diese friedlich sind und Euch selbst auch etwas (weiter) bringen.

http://www.sichtblick.com/#!dateinartikelbeitraegeempfehlungen/cv9p

http://www.sichtblick.com/#!wissenzuprojektmoeglichkeiten/c6vt

http://www.sichtblick.com/#!meinefotografien/c14f3

http://www.sichtblick.com/#!lesedokumente/c140x

http://www.sichtblick.com/#!gesundheit/c1sar

http://www.sichtblick.com/#!sonstiges/c1a4e

http://www.sichtblick.com/#!tweets/c19ct

http://www.sichtblick.com/#!projektmoeglichkeitenbeispiele/ca4p

http://www.sichtblick.com/#!herstellerundfirmen/c15z8

http://www.sichtblick.com/#!nutzungshinweise/c1ncb

http://www.sichtblick.com/#!internetseiten/cm7u

http://www.sichtblick.com/#!unterhaltung/c163g

http://www.sichtblick.com/#!baukaesten/c1vw1

http://www.sichtblick.com/#!trading/cl19

Kein (friedlicher) Mitmensch und auch kein bestimmtes Land kann für diese derzeitigen Geschehnisse etwas dafür. Es ist viel mehr jedes Land mitverantwortlich. Wir müssen gemeinsam (weltweit) zusammenhalten und drüberstehen, um somit auch wirklich alle Probleme gemeinsam lösen zu können. Es wäre so einfach, wenn wir das alle zusammen und gemeinsam machen (würden). Zeit wäre es schon längst und da wir hochmodern entwickelt sind: Mit Wissen, Unterhaltung, Nachrichten, Recherche-Tools und so weiter, müsste das auch, genauso schon längst möglich sein. Gemeinsam kommt man

viel weiter, als gegeneinander vorzugehen und die Schuld immer wieder anderen in die Schuhe zu schieben und vor allem das dauerhafte nachtragend sein, hilft KEINEM VON UNS WEITER.

Weitere Hinweise zum Projekt "Trading"

1. Nur handeln wenn wirklich Interesse am Handeln bestehen sollte und wirklich gehandelt werden möchte (denn es ist nicht risikolos)!!

2. Zuvor genau recherchieren welche Vorteile/Nachteile und Chancen/Risiken eingegangen werden (nicht alle Anbieter decken, eventuell anfallende MINUSKONTOSTÄNDE)!!

3. Nur die Gelder einbezahlen deren Verluste man sich (im aller schlimmsten Fall) auch leisten kann!!

4. Wenig Geld, in diese hochspekulative Handelsart einbezahlen, anlegen, investieren und handeln (spekulieren)!!

5. Geringe Hebelwirkungen auswählen und auch niemals mehr als mit einem 30-fachen Hebel handeln (bei einem Hebel über dem 20-fachen bestehen schon sehr hohe Risiken, ein Hebel von dem 30-fachen, sollte NIEMALS ÜBERSCHRITTEN WERDEN)!!

6. Mit (5 bis 10) verschiedenen Währungspaaren handeln und auch

2-3 verschiedene Strategien (als so-zu-sagen: **Hedge-Lösung**)!!

7. Am besten nur mit Währungen handeln, da dies (derzeit) einer

der größten Märkte ist, die Hebelwirkung am aller besten

errechnet werden kann und die Währungsmärkte über der

Woche, zumeist rund um die Uhr geöffnet haben!!

8. WIRKLICH NUR HANDELN NACH EINER GUTEN RECHERCHE ÜBER DIE RISIKEN / CHANCEN und VORTEILE / NACHTEILE
(nach Bedarf: BERATUNGSGESPRÄCHE BEI EINEM BANK-
und/oder HONORARBERATER IN ANSPRUCH NEHMEN)!!

9. Diesen hoch riskanten (automatischen und/oder manuellen) Handel, als Hobby und Freizeitbeschäftigung ansehen (NICHT ZU ERNST NEHMEN) und dementsprechend niemals zu viel Geld einbezahlen und auch niemals zu hohe Hebelwirkungen auswählen!!

10. So bald wie möglich: Nur noch mit den Gewinnen weiterhandeln,
z. B.: alle 3 Monate 50 Prozent der Gewinne auszahlen lassen.

11. Den Kontostand immer zwischen 5.000,- und 7.000,- halten, wenn mit 10 Devisenpaaren mal 2 Strategien= "Expert Advisors" gehandelt wird oder gehandelt werden soll. Somit sind dann 20 Charts geöffnet.

Jeder Chart hat eine klare und eindeutige "MagicNumber":
1 Chart=1000 / 2 Chart=2000 / 3 Chart=3000 / 4 Chart=4000 /
5 Chart=5000 / 6 Chart=6000 / 7 Chart=7000 / 8 Chart=8000 /
9 Chart=9000 / 10 Chart=10000 / 11 Chart=11000 /

12 Chart=12000 / 13 Chart=13000 / 14 Chart=14000 /

15 Chart=15000 / 16 Chart=16000 / 17 Chart=17000 /

18 Chart=18000 / 19 Chart=19000 / 20 Chart=20000 /

... weitere Hinweise gibt es in den Dateidokumenten ...
Hierbei hat jede Datei interessante und relevante Infos.

http://www.sichtblick.com/#!dateinartikelbeitraegeempfehlungen/cv9p

http://www.sichtblick.com/#!sonstigedateinundmeineangebote/c1czn

http://einrichtungsbeispiele-expertbots.jimdo.com/dateien-zur-einrichtung/

http://trading-zum-probieren.jimdo.com/einrichtungsanleitung/

http://trading-zum-probieren.jimdo.com/gute-empfehlungen/

http://www.sichtblick.com/#!produkteundhandelsmoeglichkeiten/c1o4l

http://www.sichtblick.com/#!trading/cl19

http://www.sichtblick.com/#!anbieterempfehlungen/c1l2k

Weiteres Anbieter-/Brokerbeispiel:
https://www.flatex.de/handel/fx-handel/handelssoftware/

https://www.flatex.de/handel/fx-handel/fx-demo-konto/

Beachten Sie auch immer die Einlagensicherung

Alles aufgezählte und auch die anderen Themengebiete sind als Beispiele und Empfehlungen zu verstehen.

Wenn Ihnen diese Projektseiten gefallen und/oder Sie Interesse in diesen Themenbereichen haben, unterstützen Sie mich (wenn Sie möchten) mit einem E-Bücherkauf. Vielen herzlichen Dank, für Ihr Interesse und/oder Ihre Weiterempfehlung(en) und/oder Ihren Kauf.

http://www.sichtblick.com/#!sonstigedateinundmeineangebote/c1czn

Wenn es sich um Werbung handelt (bei der Geld, als Werbeprovision verdient werden kann), wird dies immer zuvor leicht ersichtlich gekennzeichnet mit:
WERBUNG (EMPFEHLUNGEN)

Fehlt diese Kennzeichnung, handelt es sich um reine Empfehlungen (ohne Werbung=ohne jegliche Werbeprovisionsmöglichkeiten)

wissen-wir-das_Trading-Wissen_mit-Expertbot.pdf

Beispielhafte_Einrichtungswerte_und_Einrichtungsart.pdf

Hinweis:

Funktionieren die hier und auf allen anderen Projektseiten angebotenen: Download- und Lesedateien nicht, versuchen Sie es bitte mit einem anderen Internetbrowser.

Was ist ein Internetbrowser?

Hierzu folgen weitere Informationen direkt hier unter dem Wort "ANMERKUNG", denn in den meisten Fällen hilft die Verwendung eines anderen Internetbrowsers.

Hier wirkt eine Alternative: Wunder. Probieren Sie (nach Bedarf, wenn Sie möchten) die 5 besten Browser aus.

Welcher Internetbrowser ist für Ihre eigenen und individuellen Zwecke am aller besten geeignet?

ANMERKUNG:

http://www.trendsderzukunft.de/browser-vergleich-10-schnellsten-besten-internet-browser/2013/08/29/

http://www.trendsderzukunft.de/wp-content/uploads/2013/08/Browser-Vergleich-Die-10-besten-Browser-im-Vergleich.jpg

Weitere INTERNETSEITE:
http://wirfinit.de

http://wirtfinainfoit.blogspot.de/

Der Handel ist nicht (immer nur) Glücksspiel, der Handel erfordert Wissen, Recherche, Arbeitszeit, Fleiß und konstanten Respekt vor allen anderen Anlegern (dem gesamten Markt).

Wette steht immer gegen Wette, man beeinflusst dadurch keine Kurse, vor allem Kleinanleger und Hobbyhändler nicht.

Große Institute können Kurse vielleicht noch manipulieren und mehr oder weniger verzerren, aber im großen und ganzen, eben nur kurzfristig.

Wichtig ist was die Zentral-/Notenbanken tun, was Importiert und Exportiert wird und der Tourismus (das Angebot und die Nachfrage nach Devisen).

Wenn Wette gegen Wette steht, also eine Meinung gegen die andere, dann ist das nicht gefährlich für die Wirtschaft, gefährlich wird es wenn im realen Geldmarkt, zu viele (schlechte) Kredite schlummern, die nie wieder zurückbezahlt werden (können).

Außerdem ist immer nachfolgendes zu beachten:

Ein Händler haftet mit seinem eigenen Geld, für das was er tut oder nicht tut. Wird also bei Fehlentscheidungen, Pech und/oder zu viel Risiko (zu hoher Leverage/Hebelwirkung) sofort abgestraft. Deshalb gilt für jeden der den Handel erlernen möchte oder vor hat damit zu beginnen, immer vorsichtig mit wenig Geld und geringen Hebeln (Leverage) zu handeln.

Darüber hinaus ist es auch wichtig, umso größer der Hebeleffekt (Leverage) ist, desto enger muss der Stop gesetzt werden.

Ein Beispiel:
Bei 1,5045 Long/Kauf – enger Stop: 1,5035 (nach unten, gegen Kurseinbrüche absichern), je nach eigener Handels-Idee und Risikowunsch, ohne Stop, es besteht jedoch dann das höchstmögliche Risiko!

Bei 1,5045 Short/Verkaufen – enger Stop: 1,5055 (nach oben, gegen Kursanstiege absichern), je nach eigener Handels-Idee und Risikowunsch, ohne Stop, es besteht jedoch dann das höchstmögliche Risiko!

Ein weiter Stop – kann eine Kompromisslösung darstellen, um nicht ungewollt (zu früh) ausgestopt zu werden.

Je nach eigenem Handel (je nach Strategie und Risikowunsch):
 1,5045 Long/Kaufen – weiter Stop: 1,4950 bis 1,5000 – je nach eigenen Vorstellungen!
1,5045 Short/Verkaufen – weiter Stop: 1,5140 bis 1,5090 – je nach eigenen Vorstellungen!
a) Mit Stop: Ausstop – Gefahr !! Wenn der Stop zu früh, oder falsch gesetzt wird !!
b) Ohne Stop: Totalverlust Gefahr (wegen Trendmärkten, verrückten Märkten und lockerer Geldpolitik) !!

Denn druckt (bzw. stellt) Japan unerwartet mehr Geld zur Verfügung, als Europa, wird der Euro stark, die Japanische-Währung schwächer gegenüber dem Euro. Zentralbankstatements sind zu selten und zu ungenau, so das viele Gefahren und Einflussgrößen gar nicht im alltäglichen Hobbyhandel eingeplant werden können. Deshalb immer enge oder zumindest weite Stops setzen oder im Gewinn liegende Positionen, mit einem automatisch nachziehenden Stop versehen oder manuell immer wieder nachziehen, um die angefallenen Gewinne zu sichern und nicht die Gewinn-Position gleich schließen zu müssen.
Eine weitere Strategie ist das Pyramidesieren, hier im Beispiel als Long/Kauf – Position, genauso gut geht es auch anders mit einer Short/Verkauf – Position:

1. Einstieg: 0.01 Lot: 1,2500 – Stop: 1,2450
2. Einstieg: 0.01 Lot: 1,2550 – Stop: 1,2500
3. Einstieg: 0.01 Lot: 1,2600 – Stop: 1,2550
4. Einstieg: 0.01 Lot: 1,2650 – Stop: 1,2600
5. Einstieg: 0.01 Lot: 1,2700 – Stop: 1,2650
6. Einstieg: 0.01 Lot: 1,2750 – Stop: 1,2700
7. Einstieg: 0.01 Lot: 1,2800 – Stop: 1,2750

Danach werden die Positionen verwaltet und der Stop um immer weitere 5, 10, 15, 20, 25, 30, 35, 40, 45 oder 50 Punkte (Pips) nachgezogen:
1. Einstieg: 0.01 Lot Anstieg auf 1,2800 – Stop: 1,2750 – Gewinn: 250
2. Einstieg: 0.01 Lot Anstieg auf 1,2800 – Stop: 1,2750 – Gewinn: 200
3. Einstieg: 0.01 Lot Anstieg auf 1,2800 – Stop: 1,2750 – Gewinn: 150
4. Einstieg: 0.01 Lot Anstieg auf 1,2800 – Stop: 1,2750 – Gewinn: 100
5. Einstieg: 0.01 Lot Anstieg auf 1,2800 – Stop: 1,2750 – Gewinn: 50
6. Einstieg: 0.01 Lot Anstieg auf 1,2800 – Stop: 1,2750 – Gewinn: 0
7. Einstieg: 0.01 Lot Anstieg auf 1,2800 – Stop: 1,2750 – Verlust: 50

Vergleiche die erste Tabelle von "1 bis 7" mit der zweiten hier knapp über dem Text. Hierbei bedeutet "Gewinn 250" nicht 250 Euro, sondern 250 Pips (Punkte), das entspricht in der Regel: 250 x 0,10/0,07 Cent (je nach dem wie der Umrechnungskurs, des Dollars steht). Wichtig ist noch zu wissen, der Gewinn kann sich auch sehr schnell in einen Verlust drehen. Wenn beispielsweise den ganzen Tag gearbeitet werden muss benötigt man eine automatisch handelnde Strategie die eben nicht nur nach Indikatoren und/oder Hoch und Tiefs kauft und verkauft, sondern auch noch zusätzlich in die Handelsstrategie das Pyramidesieren einfließen lässt. Die Gewinne soweit wie möglich laufen lassen und mit automatisch nachziehenden Stops, mit einem automatischen Handelssystem und/oder aber auch mit manuell nachgezogenen Stops die angelaufenen Gewinne absichern.

Wichtig! Wissenswert:
Pyramidesieren funktioniert auch mit Short/Verkauf – Richtung, als Positionen.
Pyramidesieren: Wirkung in Trendmärkten, wenn der Trend einmal richtig gefunden (getroffen) ist: POSITIV / Gewinn fällt an!
Pyramidesieren: Wirkung in schwankenden (seitwärts) Märkten -mit hoher Volatilität-: NEGATIV / Verlust fällt an!

Für schwankende Märkte empfiehlt sich eine Hedge-Strategie (Hedging-Strategie):
http://de.wikipedia.org/wiki/Hedgegesch%C3%A4ft

Bei dieser Strategie wird auch ein Stop und Limit und/oder ein automatisch nachziehender Stop (Trailing-Stop) auf jede Position hinterlegt. Dabei wird eine Position gekauft (Long) und gleichzeitig eine Position des selben Wertes verkauf (Short).

Wichtig für jede einzelne Strategie, bevor diese ANGEWENDET WIRD:
1. Herausfinden welche Marktbedingungen vorliegen:
Trend (andauernd steigend oder andauernd fallend) oder
Schwankend (Seitwärts und mit sehr hoher Volatilität).
2. Danach nur noch handeln.

Je nach dem mit wie viel Geld und/oder wie hoch der Hebel (Leverage) gewählt ist muss dieses herausfinden der Marktbedingungen im M5, M15, M30, H1 oder H4 Chart angestellt werden, je nach dem wie lange die Positionen geöffnet bleiben sollen, für den Hebel (Leverage) Handel empfehle ich sich auf die Chart-Zeiteinheiten: M15, M30, H1 und/oder H4 zu konzentrieren, mehr oder weniger macht wenig Sinn (meiner Meinung nach).

M5 Eine Kerzenbildung in 5 Minuten
M15 Eine Kerzenbildung in 15 Minuten
M30 Eine Kerzenbildung in 30 Minuten
H1 Eine Kerzenbildung in 1 Stunde
H4 Eine Kerzenbildung in 4 Stunden

Diese Hilfsmittel können verwendet werden:
Stunden-, Tages-, Wochen- Hoch/Tief; Hindenburg-Ohmen; Schwarze Schwäne (die vorher abschätzbar sind und/oder vermutet werden können); Indikatoren; Nachrichten (über die Geldpolitik der verschiedensten Zentral-/Notenbanken: Geldmengenausweitungen oder Geldausweitungen stoppen und/oder senken/zurückholen der Geldmengen).

Quelle für das Hindenburg-Ohmen:
http://www.teleboerse.de/empfehlungen/charttechnik/Die-sieben-Hindenburg-Omen-article11778316.html

Quelle für die Indikatoren:
http://www.charttec.de/html/indikator_adx.php
http://www.charttec.de/html/indikator_aroon.php
http://www.charttec.de/html/indikator_bollinger-baender.php
http://www.charttec.de/html/indikator_cci.php
http://www.charttec.de/html/indikator_dmi.php
http://www.charttec.de/html/indikator_dss_double_smoothed_stochastic.php
http://www.charttec.de/html/indikator_fibonacci_retracements.php
http://www.charttec.de/html/indikator_macd_moving_average_convergence_divergence.php
http://www.charttec.de/html/indikator_momentum.php
http://www.charttec.de/html/indikator_nvi_pvi_obv.php
http://www.charttec.de/html/indikator_obos.php
http://www.charttec.de/html/indikator_parabolic_sar.php

http://www.charttec.de/html/indikator_ravi_rapid_adaptive_variance_indicator.php
http://www.charttec.de/html/indikator_rsi_relative_strength_index.php
http://www.charttec.de/html/indikator_stochastics.php
http://www.charttec.de/html/indikator_tbi.php
http://www.charttec.de/html/indikator_trix.php

Darüber hinaus gibt es noch weitere Einflussfaktoren auf die Kursbildungen, beispielsweise der An- und Verkauf der Zentral-/Notenbanken:

http://de.wikipedia.org/wiki/Devisenmarktintervention
http://de.wikipedia.org/wiki/Devisenreserven
http://de.wikipedia.org/wiki/Devisenkurs

Es kommen noch weitere unabwägbare Ursprünge der Kurse von Fremdwährungen hinzu.

Aber auch Candlesticks und andere Formationen können zur Kursbildung verantwortlich sein, je nach dem von wie vielen Händlern diese jeweilige Strategien angewandt werden und mit wie viel Geld insgesamt auf die einzelnen Analysemöglichkeiten gehandelt wird.
Wichtig dabei ist: Das jeder Wette eine Gegenwette gegenüber steht und die reale Nachfrage auf das reale Angebot trifft. Also die Nachfrage (von Unternehmen, Warentausch, Zentral-/Notenbanken und Tourismus) und das Angebot von den Zentral-/Notenbanken (Geld zur Verfügung stellen), durch eine höhere oder geringere Geldmengenausweitung, dies bedeutet Angebotsverknappung oder Angebotserhöhung, beides beeinflusst die Preise in die eine oder andere Richtung.
Weitere Entscheidungsfindungen nach:

http://www.charttec.de/html/point_einleitung.php
http://www.charttec.de/html/candlesticks_start.php
http://www.charttec.de/html/ta_chartanalyse_start.php
http://de.wikipedia.org/wiki/Charttechnik

Darüber hinaus ist das hier sehr wichtig:

http://www.charttec.de/html/money_management_aufbau.php

Eine besondere Strategie bieten EW-Wellen:

http://de.wikipedia.org/wiki/Elliott-Wellen

Weitere Meldungen findet Ihr auf all meinen anderen Blogs, hier geht es nicht immer nur um den Handel, sondern auch viele weitere sehr wissenswerte Berichte und Meldungen, aus den unterschiedlichsten Themengebieten.

Also bildet Euch, Eure eigene Meinung.

http://ueberblickwissenundinfos.jimdo.com/

Überaus wichtig, sehr interessant und wissenswert.

Was haltet Ihr von den aktuellen Nachrichten von dem Weltgeschehen?

Wichtig ist das Ihr versteht Nachrichten nicht einzeln und alles immer nur oberflächlich zu betrachten, sondern alle Nachrichten zusammen fügen, die zusammen gehören, um endlich, etwas anderes und neues zu machen.

Denkt im GROßEN UND GANZEN und seid nicht immer so OBERFLÄCHLICH (falls Ihr das sein solltet).

Vor allem kommt aus jedem Land, aus jeder Tradition, aus jedem Glauben, aus jedem Beruf, Hobby aus jeder Ansicht und aus jeden Meinungen sehr nette, freundliche und gute Mitmenschen, es sind nicht ALLE GLEICH BÖSARTIG, schlecht und aggressiv. Denkt um, falls Ihr es, derzeit nicht eh schon tut.

Wir alle müssen, in uns gehen, nachdenken, uns genauer informieren, um uns nicht gegenseitig ausspielen und gegeneinander aufhetzen zu lassen.

Es ist doch so, das aus keinem Land, aus keiner Nation, alle gleich sind, hört auf alles und jeden über einen Kamm zu scheren, lernt Nachrichten zusammen zu fügen, wer wirklich dahinter steckt, lern aus Fehlern (um diese Fehler nicht zu wiederholen), haltet zusammen, arbeitet zusammen, helft euch gegenseitig (weiter), denkt im großen und ganzen, reicht euch die Hände, es sind immer und überall (in unserer gesamten Geschichte, bis heute) ein paar wenige in jedem Land, die für Chaos, Neid, Leid, Angst, Zerstörung, Hass, Gewalt, Hetze, Aggression und Krieg schuld sind, diese wenigen verursachen es, NICHT ALLE, SONDERN DIE WENIGSTEN GEHÖREN ZU DEN VERURSACHERN, die meisten sind gute, friedliche und im großen ganzen denkende Mitmenschen. Die wissen es was hier los ist und wie Sie sich verhalten.

Warum sich immer wieder welche finden lassen, die für dieses Papiergeld in den Krieg ziehen und Ihre Mitmenschen (Brüder, Schwestern, Mütter, Väter und Großeltern) einfach umbringen, für etwas bestimmtes.

Für was genau, müsste uns allen klar sein, falls nicht Fragen und Unterhaltungen sind erwünscht.

Warum immer noch dieses Vorgehen in unserer heutigen Zeit?

Warum immer der gleiche Misst?

Warum haben die da oben immer noch nicht gelernt und sich weiterentwickelt?

Warum lösen die da oben es nicht anders, auf friedlicher und technologischer Art und Weise: Umwelt- und Naturschonend mit alternativen, nachwachsenden, freien und erneuerbaren Energieformen?

Die wichtigste Frage ist jedoch:
Warum sich immer wieder welche finden lassen, andere zu nerven und im extremsten Fall auch noch umzubringen (in Kriegen).

Das ist wirklich sehr traurig und müsste gar nicht mehr, in unserer heutigen Zeit sein.

Das passt einfach nicht zu unserer zivilisierten Zeit.

Es ist traurig, das es immer und überall Außenseiter geben muss, außer diejenige/derjenige oder auch diejenigen Gruppen sind gerne Außenseiter, weil sie eben Ihre Ruhe haben wollen, von den ganzen Verrücktheiten. Aber überlegt Euch einmal warum immer wieder alles von vorne passiert, warum immer jemand oder auch manchmal mehrere gemobbt/geärgert werden (müssen) und warum es so viel Gewalt gibt (Schläge und Kriege)?

Warum und wofür das alles?

Wir müssen recherchieren, im großen und ganzen denken, mitfühlen, einfühlen, nachdenken, vergeben, zusammenhalten, um von einander zu lernen, und um das erste mal in der Geschichte, das richtige zu tun, friedlich miteinander zu leben, im Einklang mit der Natur und Umwelt, so wenig wie möglich Verbrauch, Konsum und Plastikgesellschaft, dafür aber eine herzliche und liebevolle Gesellschaft.

Hier geht es nicht ums Geld machen, sondern darum, das wir alle lernen, neues entdecken, verstehen um Verständnis für einander auf- und auszubauen.

Wenn Du etwas anderes gedacht hast, dann bist Du auf diesen Seiten natürlich nicht (ganz) richtig, kannst aber trotzdem gerne reinlesen und drann bleiben, vielleicht möchtest Du, Dein eigenes Leben ja zum positiven hin verändern.

Das ist jedoch alles Deine eigene Entscheidung:

Da werde ich mir keinen Arbeitsaufwand machen, andere zu bekehren.

Ich informiere und unterhalte, einfach nur und was mit den Infos und der Unterhaltung dann getan wird, ist Euch, allen, jeweils, selbst überlassen.

Ich werde und möchte auch NICHTS ANDERES TUN:

Außer etwas zu schreiben und nach relevanten, überaus interessanten und wichtigen Tatsachen und Themengebiete zu recherchieren.

Ich freue mich sehr über jede Leserin und jeden Leser, besonders auch für jede Weiterempfehlung.

Informiert Euch gegenseitig.

Schon überaus komisch, wie sich wenige, aber leider immer noch ausreichend viele, immer wieder von vorne gegenseitig ausspielen und aufeinander hetzen lassen. Wann das vorbei sein wird? Und alle friedlichen, guten, mit- und einfühlenden, sensiblen Mitmenschen hier auf dieser Welt (die nicht uns gehört) in RUHE und GELASSENHEIT LEBEN können.

Wissen, Infos und Unterhaltung

Findet auf allen Projektseiten wichtige und wissenswerte: Empfehlungen, Tipps, Tricks, Ideen, andere Internetseiten, andere Beiträge, Videos und noch viel mehr.

Für den Zusammenhalt, die Zusammenarbeit, das Verständnis, den Respekt, das Gemeinwohl, das Mitgefühl und Einfühlungsvermögen für und in jeden Mitmenschen, weltweit.

Vorurteile, Schubladendenken und Kategorisieren, bringen keinen von uns weiter.

Das könnt Ihr alle in unserer (leider nicht schönen) Geschichte ganz einfach nachvollziehen.

Seht Euch alle Seiten genauer an und nimmt Euch diese Einträge zu herzen. Lernt neues, interessantes, relevantes und wissenswertes dazu.

Es wird Dir, Euch und somit uns allen gut tun. Es wird Euch zum Wohle gereicht. Ihr könnt damit etwas anfangen, mit diesem Wissen, der Unterhaltung und den Unterhaltungen.

https://unterhaltunghobbyfreizeit.wordpress.com/

Interessante Filme, werden immer, in unregelmäßigen Zeitabständen auf dieser Internetseite hinzu ergänzt.

http://de.wikipedia.org/wiki/Der_Medicus

http://de.wikipedia.org/wiki/Der_Medicus_(Film)

http://www.sueddeutsche.de/kultur/der-medicus-im-kino-jaeger-der-verlorenen-Heilkunst

https://www.youtube.com/watch?v=qvvVTdQ7Mps

http://www.moviepilot.de/movies/der-medicus

http://www.filmstarts.de/kritiken/medicus

https://www.youtube.com/watch?v=Gy7FVXERKFE

https://www.youtube.com/watch?v=cdFDO2iWMQA

http://graystatemovie.com/

http://boersenverein-investmentclub-ml-in-devisen.wirfinit.de/

Unabhängige Informationen zum automatischen Handel, gibt es hier

Ein Investmentclub besteht noch nicht, dies ist eine Informationsseite über mögliche Investmentclubs und eine eventuell, baldige Gründung eines Investmentclubs als "GbR", "Gesellschaft bürgerlichen Rechts".

Informieren Sie sich vorab ausgiebig, wenn Sie vorhaben einen Investmentclub zu gründen, Sie finden auf dieser Seite, vor allem auch Empfehlungen auf Seiten der jeweilig wichtigen (Informationsstellen) Organen, die mit diesem Vorgehen zu tun haben.

Bitte überlegen Sie sich eine Gründung ausführlich vorher und ziehen Sie vor allen Dingen, vor der Gründung, auch eine juristische Beratung hinzu, anbei einige Informationen meinerseits, die ich bisher recherchiert habe (Quellen finden Sie in den Dateien -blaue Schrift anklicken, mit linker Maustaste oder der rechten Maustaste und als neuen Tab öffnen- oben auf dieser Seite und auf dem Informationsrand, auf der rechten Seite).

Wenn Sie Interesse daran haben, sollten Sie sich alles ausführlich, gewissenhaft und überlegt durchlesen.

Anbei einleitend wichtiges Verständnis zu diesen Themen:

1. **Dieses erstmalige Regelwerk (siehe Datei, blaue Schrift an der rechten Seite) ist ein Beispielsmuster, es verpflichtet zu nichts, ist freibleibend, da es noch nicht sicher fest steht das ein Investmentclub zustande**

kommt. Möchte jedoch jemand anderes in seinem Namen, einen Investmentclub eröffnen, kann er dies jederzeit tun, mit diesem, einem anderen oder diesem abgeänderten Regelwerk. In diesem Fall ist zusätzlich eine Rechtsberatung hinzuzuziehen, da eine „GbR", „Gesellschaft bürgerlichen Rechts" gegründet werden müsste. Hierbei bestehen vom Gesetz her, unbeschränkte Haftung, also rein vom Recht her, auch über die Einbezahlten Investmentclubbeiträgen hinaus, wenn beispielsweise ein Mitglied diese einklagt oder eine Nachschussverpflichtung aufkommen sollte, obwohl extra für diese Situation, ein Broker Anbieter, ohne Nachschussverpflichtung ausgewählt worden ist (dieser jedoch dann trotzdem etwas nachverlangt oder sein Regelwerk zu Ungunsten der Kunden geändert hätte), dies alles muss beachtet werden. Demnach muss ein juristisch einwandfreie Prüfung so eines Vorhabens durchgeführt werden, um herauszufinden, ob dieses Regelwerk, das man für den Investmentclub ausarbeitet über dem allgemeinen festgeschriebenen „GbR" Recht steht.

Vergütungen darf keine genommen werden, auch keine zeitliche, die Verwaltung des (noch nicht geöffneten) Investmentclubs erfolgt in der freien Zeit, des jeweiligen Investmentclubleiters und auf freiwilliger Basis, eine Vergütung des Zeichnenden (Investmentclubvertreter, Investmentclubhändlers) darf auch vom rechtlichen der „BaFin" nicht genommen werden, zusätzlich dürfen es derzeit höchstens 50 Mitglieder sein und aller höchstens 500.000,- verwaltet werden. Wichtig: Dies ist eine Vorabinformation, wenn jemand einen Investmentclub gründen möchte, ich überlege, aber führe (noch) KEINE Gründung durch. Es gibt viele kleine Details, die vor der Gründung abgeklärt werden müssen, hierbei kommen Beratungskosten eines Juristen hinzu. Es hört sich erstmal alles sehr einfach an, ist es aber leider dennoch nicht. Außer man kennt alle Investmentclubmitglieder so gut, das sich alle an das „Ehrbare Kaufmann" Prinzip halten, das bedeutet, jeder weiß, welchen Risiken er mit seinem Kapital eingeht und wird bei einem kleinen, größeren oder kompletten Geldverlustes nicht auf Schadensersatz klagen. Außerdem kommt das Risiko beim Devisenhandel hinzu, das man je nach Anbietern mehr oder weniger Wahrscheinlich, Nachschussverpflichtungen unterliegt, diese können nur mit einem sehr geringen Hebel umgangen werden, beispielsweise zwischen dem 2- und 10-fachen. Um so höher die Hebelnutzung ausgewählt wird, desto höher kann eine Nachschussverpflichtung auch werden, alles jenseits der 50er und 100er Hebeln, sollten deshalb NIEMALS verwendet werden.

Eine Empfehlung, Information, Tipps und Kenntnisse von:

http://wirfinit.de

Beachten Sie das alle ausgearbeiteten Themenschwerpunkte auf den Seiten von „wirfinit.de", rein auf journalistischer Basis verfasst (geschrieben) und veröffentlich werden. Das bedeutet Sie müssen selbst noch einmal ausgiebig recherchieren, sich informieren und bei einem Juristen/Juristin und unabhängigen Finanzberater/Finanzberaterin (je nach eigenem Bedarf) beraten lassen. Rechtliche Themenschwerpunkte können sich darüber hinaus jederzeit, zu Ihrem Vorteil oder aber auch zur Ihrem Nachteil entwickeln, abgeändert und festgeschrieben werden.

http://boersenverein-investmentclub-ml-in-devisen.wirfinit.de/blog/

http://boersenverein-investmentclub-ml-in-devisen.wirfinit.de/search/

BEISPIELE FÜR EINEN CLUB/INVESTMENTCLUB, GEMEINSCHAFTLICHEN VEREIN FÜR INVESTMENTS (HIER HANDELT ES SICH UM VORAB BEISPIELE):

Gegründet wird (vor allem) dann:

1. Wenn sich mindestens 30 und höchstens 50 Mitmenschen (Mitglieder) finden, die mitmachen möchten.

2. Wenn ein jeder einzelne dieser 30 bis 50 Mitmenschen (Club-Mitglieder) bereit ist, die Risiken mit 660,- bis zu 1.100,- (je nach Mitgliederanzahl) zu tragen (zu übernehmen).

3. Jedes beteiligte Mitglied sich mit dem selben Betrag, der zwischen 660,- und 1.100,- liegen wird, zu beteiligen.

Das Vorgehen ist folgendermaßen geplant:

11 verschiedene Hebel-/Devisenbrokerkonten mit jeweils einer eigenen Strategie (die zuvor getestet wird).

11 Konten = 11 verschiedene Strategien.

Je Strategie 10 verschiedene Währungen (eine breite/re Streuung).

Auf jedem Konto 3.000,- Startkapital, Höchsthebel: 30-fach / Meist wird jedoch (je nach Strategien) mit Hebeln zwischen dem 10- und 27-fachen gehandelt werden, um die Risiken zu minimieren, nachhaltiger und langfristig, ausgelegter automatisch handeln zu können.

Zu beachten sind die Risiken eines Totalverlustes, der eingezahlten Gelder, ansonsten wird der Investmentclub sehr durchsichtig und ehrlich geführt werden, mit:

1. Monatlichen Kontoauszügen und

2. Einem Passwort für jedes Mitglied, womit die jeweilig gehandelten Devisen Konten, jederzeit eingesehen werden können. Hierbei besteht keine Handlungsbefugnis, die Konten werden alle nicht manuell, sondern immer nur automatisch gehandelt. Dieses Passwort ist dann dementsprechend ein "Nur-Lese-Passwort".

Es finden regelmäßige Unterhaltungen in Chats und/oder (je nach Bedarf und Möglichkeit) auch Treffen statt, bei denen ausführlich besprochen und abgestimmt wird, wie mit den Verlustpositionen umgegangen wird.

Die Verlustpositionen werden zwischen 1 bis 2 Monaten nicht beachtet, nach diesen 1 bis 2 Monaten findet der Austausch darüber statt, jeder Anwesende (im Chat) kann dementsprechend seinen Wunsch äußern und es kommt zu einer fairen und durchsichtigen Abstimmung. Dabei wird einfach nur abgestimmt ob die derzeitigen angelaufenen Verlustpositionen nach den besagten 1 bis 2 Monaten komplett geschlossen werden sollen, nur bestimmte (also nur teilweise) oder noch einmal 1 bis 2 Monate gehalten werden, um zu einem späteren Zeitpunkt wieder abzustimmen und zu sehen ob sich diese (derzeitig) jeweiligen Verlustpositionen noch in einen Gewinn drehen.

Der Investmentclub (falls dieser gegründet wird) handelt (11) verschiedene automatische Systeme auf dem Devisenmarkt.

Werden zwischen 30 und 50 Mitmenschen (angehende Mitglieder) Ihr Interesse, per Email bekunden, geht es in die genauere Planungsphase. Hierbei spielt der Ort eine wichtige Rolle. Sind die Mitglieder, örtlich zu sehr verstreut, werden die Abstimmungen und Unterhaltungen nur per Chat geführt werden können. Sind die meisten Mitglieder zentral an einem Ort, kann jeder der Interesse hat persönlich am jeweiligen Ort erscheinen. Die Mitglieder, die zeitlich, wegen Ortsgründen oder aber auch aus ganz anderen Gründen, nicht persönlich an Abstimmungen und Unterhaltungen teilnehmen können (bzw. wollen), werden immer die Möglichkeit haben, an dieser Sitzung per Chat teilzunehmen. Hierbei wird vor Ort ein Mitglied, Protokoll und jemand anderes eine Chatsitzung führen, um so alle Mitglieder auch die vor dem Computer, am Chat teilnehmenden Mitmenschen (Mitglieder) auf dem laufenden zu halten und die Abstimmung jedem zu ermöglichen und fair (durchsichtig) durchzuführen.

Diese Unterhaltungen, werden je nach vorab geklärter Vereinbarung, einmal im Monat oder aber alle zwei Monate einmal geführt werden, jeder der nicht vor Ort oder per Chat teilnimmt (teilnehmen kann), kann seine Abstimmung (da es vor allem nur um die jeweilig und derzeitigen Verlustpositionen geht), vorab jederzeit per Email einreichen, kommt die Email an und ist im Posteingang, gibt es eine Bestätigung über den Empfang, nach spätestens 1 bis 2 Tagen vor der eigentlichen Abstimmung. Wird nicht mitgestimmt, verfällt die Stimme und die Teilnehmenden stimmen ab.

Jeder hat eine Stimme, die gleich viel wert zu den jeweilig anderen Stimmberechtigungen ist.

Planung:

11 Konten = 11 verschiedene Strategien, pro Konto (Strategie): 3.000,- Eigenkapital.

11 Konten/Strategien mal 3.000,- = 33.000 gesamt, auf allen 11 Konten, mit allen 11 Strategien.

33.000,- geteilt durch 30 = 1.100,- pro Person/Mitglied

33.000,- geteilt durch 50 =   660,- pro Person/Mitglied

Wer Interesse an einem derartigen (hochspekulativen) Investmentclub hat, schreibt einfach eine Email an:

marcolermer@wirfinit.de

Die ist ein erster Entwurf, wie genau so eine Gemeinschaftlicher Club (Verein) aussehen kann/könnte.

Es handelt sich noch um keinerlei verbindlicher Eröffnung eines solchen Clubs, wenn Du selbst einen Investmentverein/Investmentclub nach diesem oder nach einem abgeleiteten Muster eröffnest, obliegt dies in Deiner eigenen Verantwortung. Hier geht es besonders darum, wie so etwas funktionieren könnte und was zu beachten ist.

Letztendlich ist es wie ein "Lotto/Totto" Zusammenschluss, da hierbei jeder einzelne weniger verliert und aber die Gewinnchancen dennoch gegeben sind.

Ein Beispiel:

Es beteiligen sich 10 Freunde (Mitmenschen) an dieser Idee, jeder einzelne bezahlt hierbei 200 Euro als Erst-/Einmaleinlage ein, somit sind es 10 mal 200,- = 2.000,- ... jeden Monat bezahlt jeder einzelne der 10 Freunde/Mitglieder/Mitmenschen noch einmal 100,- Euro ein ... 10 mal 100,- = 1.000,- ...

Der realistische Gewinn hierbei (beim automatischen Handel von 1 bis 2 verschiedenen Strategien mal 10 verschiedenen Währungen/Devisen/FOREX) beträgt monatlich zwischen 10,- (also 10 Prozent der Einlagen) und 1.000,- (100 Prozent der Einlagen) = Je nach dem wie es läuft, es können auch mal etwas mehr oder weniger sein. Es ist überhaupt nicht leicht und auch sehr schwer definierbar, da viele Faktoren mit einfließen und alles beeinflussen. Sei also sehr vorsichtig, mach es entweder lieber überhaupt nicht oder mit wenig Geld, dessen Verlust Du, Dir im schlimmsten Falle leisten kannst. Werde nicht spielsüchtig und Handel immer mit einem geringeren Hebel, wenn ich schreibe 2- bis 30-fach ist die Mitte davon sehr wahrscheinlich allgemein das beste.

Also: 2 plus 30 = 32 : 2 = 16-fach, Du kannst diesen 16-fachen Hebel auf einen 15-fachen Hebel festlegen oder einen 20-fachen, auch jeder andere erdenkliche Zahlenwert funktioniert, ganz einfach.

Merke: Umso höher der Hebel ist desto mehr Gewinne kannst Du machen, aber dementsprechend HOCH SIND AUCH DIE VERLUSTE UND RISIKEN. Einen nachhaltigen und langfristigen, hoch-spekulativen Handel, sollte jeder immer mit einem Hebel, von höchstens dem 20-fachen tätigen. Besser wie schon gesagt, etwas geringer, also dem: 15-fachen.

Der realistische Verlust liegt bei dem jeweils aktuellen Kontostand, man kann also das Geld KOMPLETT VERLIEREN.

Werden Hebelwirkungen vom 2- bis höchstens 30-fachen ausgewählt, besteht jedoch eine gute Chance, das dies nicht passiert und man gemeinsam langfristig/längerfristig etwas Geld verdienen (erspielen) kann.

Wie und was genau Deine Vorstellungen hierzu sind, ist Deine eigene Entscheidung, ich berichte über existierende Tatsachen und Möglichkeiten.

Eine alternative oder auch zusätzlich nebenher betrieben, wenn Du das wirklich auch machen möchtest, ist ein Investmentclub bei einer (seriösen) Bank, die ein "Investmentclub Depot" auf beispielsweise Aktien und/oder MiniFutures anbietet. MiniFutures sind hierbei, auch risikoreicher, da diese auch gehebelt werden würden, wenn Du diese benutzten wollen würdest, der Hebel ist hierbei, vorher festgelegt und Du kannst selbst entscheiden, wie hoch der jeweilige Hebel sein soll. Erkundige Dich bitte noch einmal, bei einem Finanz-/Honorarberater, in Internetforen, schreib mir eine kurze Mail und/oder mach Dir allgemein immer selbst ein Bild von dem ganzen und höre nicht 100-prozentig auf andere Beratungen und Meinungen, letztendlich entscheidest Du ganz-alleine, denn auch Du, bist es der die Risiken trägt, das Geld kann nämlich meist komplett verloren gehen, ganz egal wie sicher etwas erscheint. Auch bei Aktien kann sehr viel oder alles eingezahlte und verwendete Geld verloren gehen.

Beachte vor allem die Risiken und Nachteile und falls Du Dich trotzdem für bestimmte Anlage-/Spekulationsarten entscheiden solltest, verwende immer wenig(er) Geld, das meiste Geld sollte sicher in einem Schrebergarten, einer Immobilie, einem Sparbrief (auf 1-2 Jahre) und/oder anders wie Du es eben möchtest angelegt sein/angelegt werden. Informiere Dich genauer über Internetforen, einen guten Austausch und Bank-/Finanz-/Honorarberater.

Beachte immer eine Beratung gibt es niemals kostenfrei, ist etwas kostenfrei, dann nur weil der-/diejenige Provisionen bei einem Abschluss erhält, trotzdem ist es jedoch auch bei einer kostenfreien Beratung, so das diese Beratung trotz allen Provisionen, GUT SEIN KANN.

Es ist niemals vorab schon festlegbar, ob eine BERATUNG GUT ODER SCHLECHT VERLÄUFT, ganz egal ob Du nach Stunden, Minuten bezahlst oder es (angeblich, erst-einmal) kostenfrei bekommst.

http://boersenverein-investmentclub-ml-in-devisen.wirfinit.de/files/1514/0727/1710/Infos_zum_automatischen_Handel.pdf

Investmentclub Wissen (Wichtige Hinweise)

Bevor Sie sich eine eigene Meinung auf-, ausbauen und bilden können, muss alles ausgiebig, mitdenken, interessiert und vor allem gewissenhaft gelesen und auch verstanden werden.

Was ist unter Hebel zu verstehen?

Als Empfehlung (zu verstehen), ein Beispiel:
Diese Unterhaltungen, werden je nach vorab geklärter Vereinbarung, einmal im Monat oder aber alle zwei Monate einmal geführt werden, jeder der nicht vor Ort oder per Chat teilnimmt (teilnehmen kann), kann seine Abstimmung (da es vor allem nur um die jeweilig und derzeitigen Verlustpositionen geht), vorab jederzeit per Email einreichen, kommt die Email an und ist im Posteingang, gibt es eine Bestätigung über den Empfang, nach spätestens 1 bis 2 Tagen vor der eigentlichen Abstimmung. Wird nicht mitgestimmt, verfällt die Stimme und die Teilnehmenden stimmen ab. Jeder hat eine Stimme, die gleich viel wert zu den jeweilig anderen Stimmberechtigungen ist.

Planung:

11 Konten = 11 verschiedene Strategien, pro Konto (Strategie): 3.000,- Eigenkapital.

11 Konten/Strategien mal 3.000,- = 33.000 gesamt, auf allen 11 Konten, mit allen 11 Strategien.

33.000,- geteilt durch 30 = 1.100,- pro Person/Mitglied

33.000,- geteilt durch 50 = 660,- pro Person/Mitglied

Wer Interesse an einem derartigen (hochspekulativen) Investmentclub hat, schreibt einfach eine Email an:

marcolermer@wirfinit.de

Unterhaltungen können gerne, auch ganz ohne Investmentclub geführt werden, einfach eine Anfrage stellen und die Chatzeiten vereinbaren (per Email), dann gebe ich eine Terminbestätigung und jeder der Interesse hat, an diesen Themenschwerpunkten von "wirfinit.de" kann mitmachen.

http://boersenverein-investmentclub-ml-in-devisen.wirfinit.de/blog/

Beachten Sie, das es hier um Schreiber (Journalistische) Arbeiten geht. Sie müssen sich, falls Sie sich für die eine oder andere Anlageart und/oder Themenschwerpunkte (von den Seiten "wirfinit.de") interessieren, selbst noch einmal (unter verschiedenen und möglichst unabhängigen Quellen) informieren, recherchieren und austauschen.

Vor allen Dingen wenn Sie Geld anlegen möchten, müssen Sie sich (je nach eigenen Bedarf, also vorliegenden Kenntnissen) bei einem möglichst unabhängigen Finanz-/Anlageberater informieren.

Außerdem müssen Sie auch vor der Gründung eines Investmentclubs noch einmal ausgiebig recherchieren, sich informieren und eine seriöse, rechtliche (Juristische) Beratung einholen, wie aus einem Investmentclub rechtsverbindlich Haftungsregeln verfasst, eingegangen werden können oder ob dies überhaupt möglich ist mit einem Investmentclub nur beschränkt oder am besten überhaupt nicht (nur mit den einbezahlten Geldern zu haften). Darüber hinaus zählt das es bei einem Hebelhandel, zu Nachschussverpflichtungen und (sehr) großen Verlusten kommen kann. Dies erst einmal ganz unabhängig des ausgewählten Hebels, nur das eine ist wahr, das umso geringer die Hebelwirkung jeweils ausgewählt werden, desto geringer ist auch das Risiko größerer Verluste und Nachschussverpflichtungen.

Meiden Sie deshalb Hebelwirkungen über dem 50-fachen.

Gehen Sie am besten nur sehr geringe Hebel (mit weniger Geld) ein, beispielsweise zwischen dem 2- und 15-fachen.

Gehen Sie (wenn es sein muss), wenn Sie höhere Risiken suchen, nur Höchsthebel zwischen dem 15- und 30-fachen ein.

Diese Informationen, Texte, Hinweise, Tipps und Empfehlungen ersetzen KEINE Anlageberatung und auch keine Rechtsberatung (rechtliche Beratung eines Juristen/einer Juristin).

http://wissen-mit-bildern.wirfinit.de/

http://wissen-mit-bildern.wirfinit.de/blog/

Informieren Sie sich unter verschiedenen Quellen, bilden Sie sich Ihre eigenen Meinungen und Ansichten.

Die nachfolgenden Seiten könnten Sie ebenso interessieren:

http://welchehandelsmoeglichkeitengibtes.wirfinit.de

http://handelsverfolgung.wirfinit.de

http://handeln-aber-sozial-ethisch-umweltbewusst-und-nachhaltig.wirfinit.de

http://wirfinit.de

Warum und Wofür die Seiten von wirfinit?

1. Zur Wissenserweiterung und für die Bildung, die man nicht (immer, sondern leider meist, nur sehr selten) in den Unis und der Schule erhält.

2. Für das Gemeinwohl, um aufeinander zu zugehen, um zu verstehen, ganz egal ob jetzt etwas unter "Falscher Flagge" und "Propaganda" abläuft (abgelaufen ist) oder echt von ein paar wenigen einer Nation ausgeführt worden ist, es sind immer sehr wenige, die an bestimmten Situation beteiligt sind (beteiligt gewesen sind) und niemals alle, außerdem weiß man auch nicht, wie die Situation genau gewesen ist, war es Absicht, war es ein Versehen, war es absichtliche Provokation, war es unabsichtliche Provokation, man weiß das alles nicht, da müsste man vor Ort dabei gewesen sein und sich sehr gut mit den Materien/Themen vorab und schon immer interessiert beschäftigt haben.

3. Um zu verstehen das niemals von einen Volk, einer Nation, einer Religion und auch nicht nach Ansichten (Meinungen) gleich ist und somit keiner (aus)sortiert in Schubladen werden kann. Schubladendenken ist der total falsche Weg, denn dieser führt zu nichts. Vorurteile verhindern, jemand anderen (eine andere Kultur) wirklich selbst so kennen zu lernen, wie es auch tatsächlich ist und nicht nur wahrscheinlich (laut vielen Medien publiziert wird). Denn das ganze so zu betreiben, bringt einfach nichts, wir müssen immer weiter dazulernen, um zu begreifen, warum wir hier sind, vor allem hilft aufeinander zu gehen, austauschen, zusammen arbeiten, Verständnis für jeden Mitmenschen zu haben und vor allem auch von einander zu lernen.

4. Um das Große und Ganze besser zu verstehen, Erfahrungen daraus zu sammeln, weiße zu werden, mehr au die Natur und die Spiritualität zu achten (vor allem ebenso auf seine Mitmenschen), das Mitgefühl, Einfühlungsvermögen und Mitleid für jeden. Außerdem vor allem Minderheiten und Schwächere zu schützen, zusammen helfen und gemeinsam zu stehen, um somit weiter zu kommen, als jemals zuvor.

5. Um fiktives mit der Realität abgleichen zu können und um sich, selbst somit die Frage zu stellen, was ist Fiktion und was ist fast schon eher zur Realität geworden und zu zuordnen?

6. Um das System etwas anschaulicher und möglichst schnell begreifbar darzustellen.

7. Um Ideen und Anregungen zu liefern, etwas an dieser Situation zu ändern.

8. Um das Mitdenken, Mitfühlen, Einfühlen, das Verständnis für einander, das aufeinander zu- und eingehen zu fördern. Um nicht schon wieder, den größten Fehler zu begehen, nämlich, den immer alles und jeden über einen Kamm zu scheren FEHLER.

9. Um auf das Debattieren, Philosophieren, Austauschen und buddhistische Lebensweisen anschaulich hinzuweisen und zu vermitteln.

10. Etwas mehr Einblick zu gewähren, um so das eigene Interesse von Mitmenschen zu wecken.

11. Um verschiedenartige Sichtweisen darzustellen, denn was jedem einmal klar werden muss, keiner berichtet unabhängig, es stehen immer Finanziers und/oder die eigene Meinung (durch die jeweilige Erziehung und Kindheitsentwicklung) vor allem im Vordergrund, es mag sich mal mehr und dann mal wieder weniger "unabhängig" und "neutral" anhören und gut geschrieben sein, ist es aber meist leider trotzdem nicht.

12. Etwas gutes zu tun, auf dem literarischen Wege, um auch andere Meinungen und Ansichten zu integrieren, zu akzeptieren oder notfalls, falls es nicht anders geht: Einfach anzuerkennen indem man diese Ansichten/Meinungen aufnimmt, dann wieder vergisst und ignoriert (wobei das natürlich nicht sinnvoll ist, und hierfür sind die Seiten auch nicht gedacht). Es sollten andere Meinungen die gut sind und nachvollziehbar (erscheinen) in die derzeitige vorliegende eigene Meinung/Ansicht integriert werden, ganz egal ob teilweise, in kleinen Bereichen oder im Ganzen. Je nach dem wie das eben jeder einzelne für sich selbst machen möchte.

13. Gestaltet um für jeden interessierten, eine Anlaufstelle zu sein, also die erste Anregung zu finden, sich zu verschiedenen Themen zu informieren und unter verschiedenen Quellen nach zu lesen und auch immer noch einmal darüber nachdenken. Jemand der sich vielfältig interessiert und sich gerne informiert und niemals nur unter einer Quelle (auch nicht nachredet, sondern sich selbst gut genug informiert, das er nachreden gar nicht mehr nötig hat).

14. Für alle anderen friedlichen, neugierigen, wissbegierigen und/oder auch friedliche werden wollenden Mitmenschen.

15. Von einem Mitmenschen, der weiß und versteht, was hier alles falsch läuft und vor allem aus diesem Grunde auch weiß: Das kein einziger Mitmensch, dumm ist,

jeder ist genau gleich viel wert und hat eben nur seine eigenen Interessen, Hobbys und Begabungen (auch wenn die Interessen und Begabungen noch nicht entdeckt worden sind). Es ist viel mehr möglich, wie Ihr es Euch vorstellen könnt, wenn wir zusammen halten, zusammen finden, uns alle untereinander verstehen (egal ob mit Sprache oder im Schweigen, nur eben friedlich, mit- und einfühlend).

Noch mehr Literatur, Tipps, Tricks und Hinweise gibt es unter:

http://bilderundvideos.wirfinit.de/?page_id=421

https://drive.google.com/file/d/0B0GGVqZNXdvHOTFWZFNEcUNOTVk/edit?usp=sharing

Es gibt sehr reichhaltige Lektüre, als Buch, Hörbuch und vor allem auch als Film(e), wie auch immer, ist es sehr empfehlenswert, alleine schon zur Unterhaltung, solche Filme anzusehen, einerseits sind diese Filme, wie andere auch, sehr gut gemacht, mit Spannung, Action und aber vor allem auch Wissen (das somit leicht und unterhaltsam vermittelt werden kann).

http://www.amazon.de/s/ref=nb_sb_noss_1?__mk_de_DE=%C3%85M%C3%85%C5%BD%C3%95%C3%91&url=search-alias%3Ddvd&field-keywords=wirtschaft&sprefix=B%C3%B6rsen+Filme%2Cdvd%2C166&rh=n%3A284266%2Ck%3Awirtschaft

http://www.amazon.de/s/ref=nb_sb_ss_i_0_5?__mk_de_DE=%C3%85M%C3%85%C5%BD%C3%95%C3%91&url=search-alias%3Ddvd&field-keywords=b%C3%B6rse&sprefix=b%C3%B6rse%2Cdvd%2C166&rh=n%3A284266%2Ck%3Ab%C3%B6rse

Einer der besten Filme (schade das das kein Kinofilm gewesen ist), ist (nur) eine Fernsehproduktion, aber dafür eine um so bessere:

http://www.arte.tv/guide/de/043976-000/der-boersenhai

http://www.tvspielfilm.de/kino/filmarchiv/film/der-boersenhai,5051788,ApplicationMovie.html

http://www.moviepilot.de/movies/der-borsenhai

Eines der besten Bücher (auch als Hörbuch vorhanden):

http://www.amazon.de/Angst-Robert-Harris-ebook/dp/B0064LHODA/ref=sr_1_2?ie=UTF8&qid=1407081902&sr=8-2&keywords=angst

http://automatisch-handeln.wirfinit.de/

Bei jedem automatischen Expert A. (Bot) können die aller wichtigsten Parameter beliebig verstellt (ein- oder ausgeschalten werden und/oder andere Werte, beispielsweise Zeiten gesetzt werden).

Jeder Handelscode ist hierbei Multi-Asset fähig, Sie können diese Codes also auf jedem beliebigen Wert anwenden und vor allem auch bei mehreren in einem Konto.

Die Zeitangaben bei dem Long/Kaufen und Short/Verkaufen Hedge Handelscode, kann somit beispielsweise von alle 60 Minuten, auf alle 120, alle 240 Minuten oder eben aber auch jeden anderen beliebigen Wert (Minuten/Zeit) annehmen.

Der andere Handelscode mit 7-verschiedenen Indikatoren lässt sich auch beliebig verstellen, nicht nur die einzelnen Indikatoren sind ein-, aus- und verstellbar, sondern auch noch sehr viele andere Werte.

Schauen Sie es sich einfach einmal an, wenn Sie schon mit dem Handel vertraut sind, falls nicht, lesen Sie sich in die Thematik ein und klären offene Fragen, bei einer unabhängigen Finanzberatung noch einmal ab.

Bedenken Sie meine Empfehlungen verschiedene Strategien auf verschiedenen Konten zu handeln.

Pro Konto jedoch zwischen 1.000,- und 3.000,- anzulegen.

Es reichen schon zwei verschiedene Strategien, jedoch in den Strategien noch einmal untereilt (breit gestreut) in 10 verschiedene Handelswerte, die dann automatisch gehandelt werden (können).

Beachten Sie das diese Seite keine professionelle Finanzberatung ersetzen kann und dies auch nicht möchte.

Passen Sie bitte jeden Handelscode Ihren eigenen, individuellen Bedürfnissen an, vor allem müssen jedoch Ihr Eigenkapital und Ihr Risikowunsch, also die Hebel-Wirkung individuell eingestellt werden, ansonsten sind große Verluste bis hin zum Totalverlust ganz sicher vorprogrammiert und in dem Fall, das Sie alles genau überdenken und individuell einstellen werden Sie eine reale Chance erhalten, langfristig und nachhaltig (je nach Märkte und Marktlage) automatisch handeln zu können. Bei einem nachhaltigen/langfristigen Handel mit dieser Hebelhandelsart, reichen 5,- bis 10,- Gewinn pro Tag leicht aus. Dafür ist es eben nachhaltig und langfristig ausgelegter Handel.

Jeder Handelscode ist hierbei Multi-Asset fähig, Sie können diese Codes also auf jedem beliebigen Wert anwenden und vor allem auch bei mehreren in einem Konto.

Die Zeitangaben bei dem Long/Kaufen und Short/Verkaufen Hedge Handelscode, kann somit beispielsweise von alle 60 Minuten, auf alle 120, alle 240 Minuten oder eben aber auch jeden anderen beliebigen Wert (Minuten/Zeit) annehmen.

Der andere Handelscode mit 7-verschiedenen Indikatoren lässt sich auch beliebig verstellen, nicht nur die einzelnen Indikatoren sind ein-, aus- und verstellbar, sondern auch noch sehr viele andere Werte.

Schauen Sie es sich einfach einmal an, wenn Sie schon mit dem Handel vertraut sind, falls nicht, lesen Sie sich in die Thematik ein und klären offene Fragen, bei einer unabhängigen Finanzberatung noch einmal ab.

Bedenken Sie meine Empfehlungen verschiedene Strategien auf verschiedenen Konten zu handeln.

Pro Konto jedoch zwischen 1.000,- und 3.000,- anzulegen.

Es reichen schon zwei verschiedene Strategien, jedoch in den Strategien noch einmal unterteilt (breit gestreut) in 10 verschiedene Handelswerte, die dann automatisch gehandelt werden (können).

Hinweise:

Je nach dem wie Sie, (falls Sie diese Hebel-/Devisenhandel versuchen/anwenden möchten) Ihren Handel individuell ausgestalten möchten, folgen, nachfolgend noch einige Hinweise.

Die erste Empfehlung ist wie schon oft beschrieben, unbedingt keine zu großen Hebelwirkungen zu verwenden, meine Empfehlung immer zwischen einem 20- und 40-fachen Hebel zu wählen und diesen dann auch konstant (für immer) so verwenden, aber niemals den "Höchst-Hebel von 40" überschreiten.

Die zweite Empfehlung ist zusätzlich zu dem gewählten "Höchsthebel vom 40-fachen", das Sie in 4 bis 10 verschiedene Währungen streuen (sollten). Ich empfehle "nur" den Devisenhebelhandel automatisch auszuführen, da dieser von der Hebelwirkung her einfacher und genauer zu berechnen ist. Darüber hinaus empfehle ich auf diese zwei Strategien jeweils 2.000,- bis 3.000,- als Ersteinlage und Eigenkapital zu verwenden.

Also entweder: 2 Strategien mal 2.000,- = insgesamt 4.000,-

oder

2 Strategien mal 3.000,- = insgesamt 6.000,-

Zusätzlich ist es darüberhinaus (bei Interesse) auch in Aktien zu investieren, beispielsweise 5.000,- bis 20.000,- ...

Immer zwischen 10 und 50 Prozent Ihres frei verfügbaren Geldes (je nach dem wie hoch Ihr Risikowunsch ist), erkundigen Sie sich vorab bei einem unabhängigen und fair beratenden Anlage-/Finanz-/Honorarberater.

Beschreibungen und Beispiele zum Verlustmanagement:

Letztendlich entscheiden Sie selbst, wie Sie mit Verlustpositionen umgehen möchten, ob Sie diese täglich, wöchentlich, monatlich, quartalsweise, halbjährlich oder jährlich im (mit) Verlust schließen möchten. Es ist auch Ihre Entscheidung ob Sie Verluste frühzeitig schließen und so klein wie möglich halten möchten oder ob Sie sich Chancen erhoffen, das die Position(en) in die Gewinnzone zurück kehren.

Jede einzelne Handelsstrategie, jedoch aber auch jede einzelne Verlustmanagementstrategie hat Ihre individuellen Vor- und Nachteile, Chancen und Risiken.

Deshalb eine beispielhafte Beschreibung nun anbei:

Die Verlustpositionen (beispielsweise) einige Tage (5 bis 25 Tage) oder Wochen (4 bis 8 Wochen) offen halten, abwarten und im Gewinn oder mit möglichst wenig Verlusten, nach diesem Zeitraum manuell und/oder automatisch (durch den Handelscode und/oder Limit-Setzungen) schließen.

 Zur Hilfestellung, etwas bessere Abschätzungen zu treffen, können die dann jeweils aktuelle Nachrichtenlage, Geldpolitik, Wirtschaftliche Verfassung und die Seite:

http://seasonalcharts.de

dienen, um eine eventuell bessere Einschätzung und vor allem eine bessere Abwägung treffen zu können.

Die genaue Entscheidung hierzu und zu anderen weiteren Handelsvorgehensweisen treffen Sie eigenständig.

Wie lange also genau gewartet und darauf gehofft wird, das eine Minusposition sich noch in einen eventuellen Gewinn dreht, muss jede/jeder Anlegerin/Anleger ganz alleine für sich entscheiden. Wichtig ist zu wissen, um so länger man selbst wartet, desto gefährlicher kann es wiederum werden, wenn es beispielsweise weiter ins Minus geht und/oder man auch noch, die eventuell zu zahlenden Finanzierungskosten hinzurechnet.

Generell sollte man niemals bei Hebelhandel, länger als 3 bis 4 Monate darauf warten, ob noch einmal ein Gewinn, bei einer Verlustposition aufkommt, aber wie schon gesagt, das sind Hinweise, Sie entscheiden Ihre Vorgehensweisen eigenständig, denn es kommt auch immer auf die jeweilige Situation an (die immer mehr oder weniger speziell und individuell ist).

Alles ist Einstellung-, Meinungs- und Ansichtssache.

Stop Order schon vorab im jeweiligen Handelscode einzugeben (vorab zu bestimmen) machen zwar, beim automatischen Handel mehr oder weniger Sinn, der automatische Handel wird dadurch auch mehr oder weniger sicher(er), jedoch ist dieser Stop, nicht immer zu empfehlen, denn auch hier können ganz viele Orders mit Stops, zum Totalverlust führen. Es kommt eben darauf an, wie der jeweilige

Handelscode ausgestaltet und programmiert worden ist, wird abgesichert (hedging) oder nicht?

Bei diesen zwei Handelscodes (Experten/Bots) ist der Stop nicht zu empfehlen, jedoch muss unbedingt nachfolgendes beachtet werden:

Es muss breit(er) gestreut werden, soll heißen in mindestens 5 und höchstens 10 Währungen und vor allen Dingen aber auch darauf geachtet werden, mit einem geringeren Hebel (Leverage/Hebelwirkung), beispielsweise zwischen dem 10- und 37-fachen, aber niemals über dem 40-fachen zu handeln. Wichtig ist das Sie Ihr Risiko niemals vergessen, den Hebel nicht über dem 40-fachen anwenden und immer am Boden der Tatsachen zu bleiben, um über kurz oder lang, keinen Totalverlust zu erleiden.

Ob Sie sich nun meine Empfehlungen zu herzen nehmen und genau so oder ähnlich anwenden oder eben nicht, ist ganz alleine, Ihre individuelle Entscheidung.

Denn für Nachteile und Gefahren, eines Totalverlustes oder einer (seltenen) mehr oder weniger hohen Nachschussverpflichtung, je nach ausgewählter Hebelhöhe, kann eine Nachschussverpflichtung in hohem Ausmaße entstehen, wenn Sie Hebelwirkungen vom 50-fachen und mehr auswählen, was ICH NICHT EMPFEHLE, können größere Nachschussverpflichtungen, bei den jeweiligen Marktlagen entstehen.

Entscheiden Sie deshalb selbst über Ihre Ersteinzahlung und vor allem die Hebelhöhe. Beachten Sie jedoch in allen Ihren Entscheidungen, falls Sie sich für diese Handelsart entschließen: Umso höher die Hebelwirkung von Ihnen ausgewählt wird, desto höher ist das Risiko, großer Verluste, Totalverluste oder auch im extremsten Fall (was jedoch die Ausnahme darstellt, dennoch jederzeit eintreten könnte) einer Nachschussverpflichtung nach kommen zu müssen.

Deshalb empfehle ich Hebelwirkungen vom 10- bis höchstens 40-fachen.

Die Anbieter, bieten sogar Hebel vom 100- bis hin zum 400-, 500- und (selten) auch 1.000-fachen an, weil genau dann bei so einer hohen Hebelnutzung der Totalverlust, früher oder später vorprogrammiert ist, derartig hohe Hebelwirkungen sind nur von Profis zu nutzen, die beruflich handeln und die vor allem schon Superreich sind und es sich aus dem einen oder anderen Grund leisten können Ihr Geld zu verspielen. Sie sollten das nicht tun, wenn Sie sich etwas aufbauen möchten, langfristig und vor allem nachhaltigen Handel betreiben möchten. Wenn Sie es dennoch nicht lassen können, kann ich nur mit Gewissheit sagen, das es früher oder später, zu einem Totalverlust, wenn nicht sogar zu einer Nachschussverpflichtung kommen wird.

Für Risiken und Nachteile die Ihnen aufgrund des automatischen und/oder manuellen Handels entstehen haftet Sie selbst. Es wird nicht gehaftet. Sie müssen sich vorab erkundigen und beraten lassen, falls bei Ihnen Aufklärungsbedarf besteht.

Ich empfehle hierzu eine professionelle, zugelassene Honorarberatung und/oder eine Finanz-/Anlageberatung.

Handeln Sie also allseits, bedacht, vorsichtig, überlegt und vor allem: Übertreiben Sie es nicht, falls Sie sich für diese (hoch)spekulative Handelsart mit mehr oder weniger Hebelwirkung entscheiden (sollten). Ein Handelscode, ist keine grenzenlose, ungefährliche und vor allem nur Gewinnabwerfende Handelsart, es ist einfach eine andere Art und Weise zu handeln, ohne das man selbst ständig, vor dem Computer sitzen muss.

Es gibt wie immer und überall Vor- und Nachteile auch beim Hebelhandel und automaischten Handel.

Meiner Meinung nach, wie sollte es anders sein, überwiegen beim automatischen Handel jedoch letztendlich die Vorteile, vor allem dann, wenn man weiß was man tut, die Strategie kennt oder zumindest baldmöglichst kennen lernt, den Handel mehr oder weniger überwacht (mal einen Blick darauf wirft, einmal täglich oder einmal wöchentlich), einen geringere Hebelwirkung auswählt, ausreichend Eigenkapital (besser 2.000,- bis 3.000,- als "nur" 1.000,-), breit streut (in 5 bis 10 verschiedene Währungen) und vor allen Dingen aber auch mindestens 2 verschiedene Strategien handelt.

Sie entscheiden, treffen Sie allseits eine gute Wahl, recherchieren Sie, erkundigen Sie sich und lassen Sie sich noch einmal von professioneller Seite beraten, wenn dazu Ihrerseits Bedarf und/oder Interesse besteht.

Jeder Handelscode ist hierbei Multi-Asset fähig, Sie können diese Codes also auf jedem beliebigen Wert anwenden und vor allem auch bei mehreren in einem Konto.

Die Zeitangaben bei dem Long/Kaufen und Short/Verkaufen Hedge Handelscode, kann somit beispielsweise von alle 60 Minuten, auf alle 120, alle 240 Minuten oder eben aber auch jeden anderen beliebigen Wert (Minuten/Zeit) annehmen.

Der andere Handelscode mit 7-verschiedenen Indikatoren lässt sich auch beliebig verstellen, nicht nur die einzelnen Indikatoren sind ein-, aus- und verstellbar, sondern auch noch sehr viele andere Werte.

Schauen Sie es sich einfach einmal an, wenn Sie schon mit dem Handel vertraut sind, falls nicht, lesen Sie sich in die Thematik ein und klären offene Fragen, bei einer unabhängigen Finanzberatung noch einmal ab.

Bedenken Sie meine Empfehlungen verschiedene Strategien auf verschiedenen Konten zu handeln.

Pro Konto jedoch zwischen 1.000,- und 3.000,- anzulegen.

Es reichen schon zwei verschiedene Strategien, jedoch in den Strategien noch einmal unterelit (breit gestreut) in 10 verschiedene Handelswerte, die dann automatisch gehandelt werden (können).

Durch die Nutzung dieser Internetseiten erklärt sich der Interessent, mit nachfolgenden allgemeinen Hinweisen (http://automatisch-handeln.wirfinit.de/about/) und Bedingungen einverstanden.

Alles ist jedoch kostenfrei und wird es auch bleiben.

Es wird auf die Risiken, Vor- und Nachteile, des Hebelhandels und des Automatischen Handels hingewiesen.

http://automatisch-handeln.wirfinit.de/blog/hello-world/

Der Handel birgt hohe Risiken. Spekulieren Sie niemals auf Kredit und setzen Sie nur Gelder ein, die Sie im aller schlimmsten Fall, ohne weitere Probleme, verlieren könnten. Beachten Sie das der automatische Handel, Ihr Leben vereinfacht, aber nur dann wenn diese Handelssysteme mehr oder weniger profitabel sind, dies erreichen Sie dadurch, das Sie möglichst geringe Hebel auswählen. Umso höher der Hebel ist, desto höher sind die Risiken, vor großen Verlusten oder auch Totalverlusten. Beachten Sie das die empfohlene Einzahlung zwischen 1.000,- und 3.000,- liegen sollte. Sie haben die Möglichkeit mehrere verschiedene Strategien, auf verschiedenen, von einander unabhängig laufenden Konten laufen zu lassen. Vergleichen Sie ausgiebig, falls bei Ihnen Interesse dazu besteht, automatisch zu handeln unter.

http://broker-test.de/

Die Software (Datei/n) die per Email zugesandt werden können, sind und bleiben kostenfrei, jeder entscheidet jedoch selbst ob er diese Software nutzen möchte oder nicht, da hier beim automatischen Handel Vor- und Nachteile bestehen, vor allen Dingen ist der Handel mit mehr oder weniger Risiken verbunden, dies hat damit zu tun, das Sie stets mit einer frei wählbaren Hebelwirkung handeln. Um so höher diese Hebelwirkungen ausgewählt werden, desto mehr Verlustrisiken, bis hin zum Totalverlust können bei Ihnen entstehen, in den seltensten Fällen, gibt es auch eine (unbegrenzte) Nachschusspflicht, wie genau diese zustande kommt und ob diese bei Ihrem ausgewählten Broker überhaupt existiert müssen Sie vorab mit Ihrem Anbieter (Broker) abklären. Denn diese Internetseite bietet Ihnen nur die kostenfreien Dateien, womit Sie automatisch handeln können und gibt ebenso kostenfreie Ideen, Anregungen, Hilfestellungen und Empfehlungen. Letztendlich müssen Sie sich über alle Risiken, Nach- und Vorteile, Ihrer Meinung ausreichend informiert haben, um sich entscheiden zu können. Das wichtigste ist jedoch zahlen Sie niemals zu viel Geld ein (es reich vollkommen aus zwischen 1.000,- und 3.000,- pro einzelnen Konto einzuzahlen). Wählen Sie dann auch noch einen risikoärmeren Hebel, beispielsweise zwischen dem 15- und 30-fachen und stellen eine größere Streuung auf (mindestens 10 und höchstens 15 verschiedene Handelsinstrumente empfehle ich hier ausdrücklich), sind die Verlustrisiken zwar immer noch existent, es wird jedoch das Totalverlustrisiko stark minimiert und sie erzielen möglichst konstante Gewinne. Meine Empfehlung ist zudem, machen Sie lieber kleine Gewinne, bevor Sie große Gewinne erzielen und durch einen viel zu groß gewählten Hebel, früher oder später einen Totalverlust erleiden.

Somit bestehen immer, mehr oder weniger Risiken vor allem auf die einbezahlten Gelder, bei vielen Brokern kann es in extremen wirtschaftlichen Situationen und vor allem aber auch, bei viel zu hoch ausgewählten Hebeln, jederzeit zu einer Nachschusspflicht kommen. Deshalb informieren Sie sich und lassen sich dies bitte auch schriftlich per Firmenstempel und Unterschrift der Vorgesetzen (Geschäftsleitung etc.) am aller besten auch per Post astrein bestätigen das der Broker KEINE NACHSCHUSSPFLICHTEN erhebt und geltend macht.

Es gibt höhere, hohe und sehr hohe Risiken (je nach ausgewählter Hebelhöhe), aber auch Vor- und Nachteile beim automatischen Handel.

Es wird um eine freiwillige Spende gebeten, die die Arbeitszeit (unter anderem: Recherche, Ideen, Wissensweitergabe und Empfehlungen) wertschätzt und honoriert.

Durch die Spenden kann dieser Service langfristig erhalten bleiben.

Sie spenden auf freiwilliger Basis, wenn es Ihnen gefällt oder aber auch schon vorab, aus freier Entscheidung heraus.

Das besondere (demnächst möglich) ist der Service das ich, Ihnen per Bildschirmeinsicht (kostenfrei, jedoch wird um eine Spende gebeten), behilflich sein kann, bei der jeweiligen Einrichtung, ganz egal ob es um einen virtuellen Server (VPS) geht, den es pro Monat zwischen 10,- und 20,- Euro gibt. Um die Kontoeröffnung, bei einem Broker und aber auch die Einstellungen, je nach frei ausgewählter Ersteinzahlung und dem frei ausgewählten Hebel, des automatischen Programmiercodes.

Hierbei läuft alles erst einmal per Email und Sie erhalten dann auch die weiteren Verbindungsbeschreibung und den Startcode für die Desktopeinsicht Verbindung per Email oder auf der Internetseite. Die Datei wird per Email zugestellt, die korrekte Einrichtung (je nach Ihrer Ersteinlage und der gewünschten Hebel-Höhe) erfolgt dann (immer kostenfrei, auf Wunsch) gemeinsam über die Bildschirmeinsicht.

Hierbei kann Ihnen mit farbigen Zeichen und Markierung geholfen werden oder auch direkt die Maus übernommen werden.

Über die Chatfunktion können auch Tatsachen und Beschreibungen besser geschildert werden.

Hierbei gilt, das für keine Schäden gehaftet wird.

Sie entscheiden, wenn etwas per visuellen Zeichen (Stift oder Pfeil) markiert wird, ob Sie nun hierauf klicken und das abändern oder nicht, außer Sie akzeptieren die direkte Kontrolle der Maus, dann können Sie in Ruhe zu sehen, müssen nichts weiter anklicken und können vor allem aber auch jederzeit abbrechen.

Diese Seite, die Software-Dateien die per Email zugesandt werden können und die Einrichtung über die Bildschirmeinsicht ist und bleibt immer kostenfrei, jedoch wird um eine Spende gebeten, wenn Ihnen die Einrichtung gefallen hat, die Software-Dateien Ihrer Ansicht nach gut arbeiten, der Service allgemein in Ordnung ist und aber auch schon vorab. Wie Sie das eben selber handhaben möchten.

Beachten Sie bitte vor allem, das nicht nur Gewinne auftreten werden (die Chancen bestehen jedoch immer das sich ein Verlust, nach einiger Zeit in einen Gewinn umdreht), hilfreich sind diese Seiten:

http://seasonalcharts.de
http://charttec.de

Per Email, aber auch (besser) per Chatfunktion unter:

http://sozialsystemchat.wirfinit.de

Können Sie nach Email Vereinbarung (Terminanfrage und Terminbestätigung) mit mir (ebenso kostenfrei) in Verbindung treten (eine Unterhaltung führen).

Es wird nur um Spendenbeiträge die die Arbeit und Arbeitszeit anerkennen und honorieren gebeten.

Eine Einrichtung des Servers ist in der Regel innerhalb von 30 bis 90 Minuten komplett fertig.

Eine Einrichtung des Kontos (Eröffnung) funktioniert innerhalb von 5 bis 30 Minuten.

Eine Einrichtung der fein Einstellung eines jeden Handelscodes kann zwischen 90 und 120 Minuten fertig gestellt werden.

Überlegen Sie in Ruhe und entscheiden Sie, empfohlen ist das in diese hoch riskante Spekulationsart sehr wenig bis wenig Geld investiert wird.

Empfehlung, gleich welchen Hebel Sie auswählen möchten (beispielhaft):

Mindestens: 1.000,-
Höchstens: 3.000,-

Das Angebot ist kostenfrei (Spenden erwünscht).

Es wird keinerlei Haftung übernommen.

Der einzige Vorteil liegt darin, das alles auf dieser Internetseite "automatisch-handeln.wirfinit.de" kostenfrei ist, jedoch nur langfristig aufrecht erhalten werden kann, wenn freiwillige Spenden getätigt werden, für diese Arbeit(szeit).

Sie entscheiden selbst, müssen demnach alle Hinweise, die Vor- und Nachteile, aber auch die Risiken dieser Handelsart(en) verstehen.

Das wichtigste ist:
Setzen Sie niemals zu viel Geld ein (beispielsweise zwischen 1.000,- und aller höchstens 3.000,-), wenn Sie sich hierfür entscheiden. Wenn es nicht funktionieren sollte, probieren Sie es nicht endlos weiter, sondern höchstens 1, 2 oder 3 mal, werden Sie also demnach bitte niemals Spielsüchtig.

Die kostenlose Internetseite "automatisch-handeln.wirfinit.de", alle Hilfestellungen und Einrichtungsunterstützungen verpflichtet zu nichts, ist demnach freibleibend und dafür aber auch ohne jegliche Garantie.

Der Erfolg mit dieser hochspekulativen Handelsart, sei es automatisch oder manuell ausgeführt, kann nicht garantiert werden.

Diese Internetseite bietet einfach nur die Möglichkeit sich zu informieren, kostenfreie Handelscodes und Hilfestellung einzuholen und anzufordern.

Beachten Sie bitte, das zuerst ein Termin per Email vereinbart werden muss.

Schreiben Sie dazu direkt eine Email und nutzen kein Kontaktformular.

marcolermer@wirfinit.de

Terminanfragen werden bitte an die oben angegebene Email geschickt, danach kommen verbindliche Terminbestätigungen zurück, je nach Anfrageaufkommen kann es auch länger dauern und es wird dann, falls der Terminwunsch schon überschritten worden ist, ein alternativ Termin angeboten, den Sie wiederum annehmen oder ablehnen können.

So bald Sie eine verbindliche Terminbestätigung erhalten haben, wird diese auch eingehalten, am besten können Termine an Wochenenden morgens zwischen 7 Uhr und 12 Uhr und abends zwischen 16 Uhr und 22 Uhr vereinbart werden.

Eine Verpflichtung Ihrer oder meinerseits besteht niemals, denn diese Hilfestellungen sind alle kostenfrei und deshalb auch Freibleibend.

Eine Terminanfrage muss nicht unbedingt immer beantwortet werden, wenn entweder ein zu hohes Aufkommen (zu viele Anfragen) und aber auch eine Abwesenheit, meinerseits vorliegt.

Erst mit einer Terminbestätigung die Sie nur von mir erhalten, vorliegen haben, wird der Termin auch eingehalten.

Können Sie dann Ihrerseits diesen Termin nicht einhalten, wäre es sehr freundlich von Ihnen frühzeitig, 1-2 Tage vorher bescheid zu geben (per Email) oder falls Sie diesen Termin nicht einhalten können und nicht bescheid geben, stellen Sie eben wieder zu einem späteren Zeitpunkt eine neue Terminanfrage.

Terminanfragen können Sie jederzeit stellen, wenn Sie jedoch zu häufig (5 bis 10 mal) einen Termin vereinbaren und auch die Bestätigung von mir schon erhalten haben und diesen Termin nicht wahrnehmen (vor allem ohne vorher bescheid zu sagen nicht wahrnehmen), behalte ich es mir vor, Ihre Terminanfragen abzulehnen, Sie erhalten dann keine Terminbestätigung mehr, sondern eben die Antwort: "Vielen herzlichen Dank für Ihre Terminanfrage, da Sie schon häufiger, den Termin nicht eingehalten haben, kann Ihnen derzeit kein Termin bestätigt werden". Ist die Anfrage an Terminvereinbarungen dann wieder etwas ruhiger, erhalten Sie auch wieder die Möglichkeit einen Termin bestätigt zu bekommen.

Vielen Dank für Ihr Verständnis, Ihr Interesse, Ihre Weiterempfehlungen und/oder Spenden.

Empfehlungen zum allgemeinen Wissensaufbau und zur Information, um selbst und frei(er) zu entscheiden, ob Sie es wünschen diese Anlageklasse automatisch zu handeln:

http://www.expert-advisor.com/

http://www.mql5.com/

http://seasonalcharts.de/

http://www.geheime-goldpolitik.de/

http://seasonalcharts.de/classics_waehrungen.html

http://www.leitzinsen.info/welt.htm

http://de.wikipedia.org/wiki/Carry_Trade

http://www.charttec.de/html/indikator_start.php

http://www.charttec.de/html/money_management_aufbau.php

http://www.charttec.de/html/ta_chartanalyse_start.php

http://de.wikipedia.org/wiki/Devisenmarkt

http://de.wikipedia.org/wiki/Friedrich_August_von_Hayek

http://de.wikipedia.org/wiki/John_Maynard_Keynes

http://de.wikipedia.org/wiki/MetaTrader

http://de.wikipedia.org/wiki/Expert_Advisor

Sehr wichtig:

Bitte beachten Sie das Sie meine zur Verfügung gestellten kostenfreien Handelsdateien nur mit dieser Software verwenden können:

http://de.wikipedia.org/wiki/MetaTrader

Hierbei ist vor allem zu erwähnen das es zwei Typen von dieser Software gibt, die 4er und 5er, meine Code-Dateien unterstützen nur die 4er Version. Beachten Sie das in Ihren Überlegungen, falls Sie den automatischen Handel umsetzen oder ausprobieren möchten.

http://de.wikipedia.org/wiki/Expert_Advisor

http://automatisch-handeln.wirfinit.de/blog/hello-world/

Bei jedem automatischen Expert A. (Bot) können die aller wichtigsten Parameter beliebig verstellt (ein- oder ausgeschalten werden und/oder andere Werte, beispielsweise Zeiten gesetzt werden).

Jeder Handelscode ist hierbei Multi-Asset fähig, Sie können diese Codes also auf jedem beliebigen Wert anwenden und vor allem auch bei mehreren in einem Konto.

Die Zeitangaben bei dem Long/Kaufen und Short/Verkaufen Hedge Handelscode, kann somit beispielsweise von alle 60 Minuten, auf alle 120, alle 240 Minuten oder eben aber auch jeden anderen beliebigen Wert (Minuten/Zeit) annehmen.

Der andere Handelscode mit 7-verschiedenen Indikatoren lässt sich auch beliebig verstellen, nicht nur die einzelnen Indikatoren sind ein-, aus- und verstellbar, sondern auch noch sehr viele andere Werte.

Schauen Sie es sich einfach einmal an, wenn Sie schon mit dem Handel vertraut sind, falls nicht, lesen Sie sich in die Thematik ein und klären offene Fragen, bei einer unabhängigen Finanzberatung noch einmal ab.

Bedenken Sie meine Empfehlungen verschiedene Strategien auf verschiedenen Konten zu handeln.

Pro Konto jedoch zwischen 1.000,- und 3.000,- anzulegen.

Es reichen schon zwei verschiedene Strategien, jedoch in den Strategien noch einmal unterteilt (breit gestreut) in 10 verschiedene Handelswerte, die dann automatisch gehandelt werden (können).

Beachten Sie das diese Seite keine professionelle Finanzberatung ersetzen kann und dies auch nicht möchte.

Passen Sie bitte jeden Handelscode Ihren eigenen, individuellen Bedürfnissen an, vor allem müssen jedoch Ihr Eigenkapital und Ihr Risikowunsch, also die Hebel-

Wirkung individuell eingestellt werden, ansonsten sind große Verluste bis hin zum Totalverlust ganz sicher vorprogrammiert und in dem Fall, das Sie alles genau überdenken und individuell einstellen werden Sie eine reale Chance erhalten, langfristig und nachhaltig (je nach Märkte und Marktlage) automatisch handeln zu können. Bei einem nachhaltigen/langfristigen Handel mit dieser Hebelhandelsart, reichen 5,- bis 10,- Gewinn pro Tag leicht aus. Dafür ist es eben nachhaltig und langfristig ausgelegter Handel.

Hinweise: Je nach dem wie Sie, (falls Sie diese Hebel-/Devisenhandel versuchen/anwenden möchten) Ihren Handel individuell ausgestalten möchten, folgen, nachfolgend noch einige Hinweise.

Die erste Empfehlung ist wie schon oft beschrieben, unbedingt keine zu großen Hebelwirkungen zu verwenden, meine Empfehlung immer zwischen einem 20- und 40-fachen Hebel zu wählen und diesen dann auch konstant (für immer) so verwenden, aber niemals den "Höchst-Hebel von 40" überschreiten.

Die zweite Empfehlung ist zusätzlich zu dem gewählten "Höchsthebel vom 40-fachen", das Sie in 4 bis 10 verschiedene Währungen streuen (sollten). Ich empfehle "nur" den Devisenhebelhandel automatisch auszuführen, da dieser von der Hebelwirkung her einfacher und genauer zu berechnen ist. Darüber hinaus empfehle ich auf diese zwei Strategien jeweils 2.000,- bis 3.000,- als Ersteinlage und Eigenkapital zu verwenden.

Also entweder: 2 Strategien mal 2.000,- = insgesamt 4.000,-

oder

2 Strategien mal 3.000,- = insgesamt 6.000,-

Zusätzlich ist es darüberhinaus (bei Interesse) auch in Aktien zu investieren, beispielsweise 5.000,- bis 20.000,- ...

Immer zwischen 10 und 50 Prozent Ihres frei verfügbaren Geldes (je nach dem wie hoch Ihr Risikowunsch ist), erkundigen Sie sich vorab bei einem unabhängigen und fair beratenden Anlage-/Finanz-/Honorarberater.

Beschreibungen und Beispiele zum Verlustmanagement:

Letztendlich entscheiden Sie selbst, wie Sie mit Verlustpositionen umgehen möchten, ob Sie diese täglich, wöchentlich, monatlich, quartalsweise, halbjährlich oder jährlich im (mit) Verlust schließen möchten. Es ist auch Ihre Entscheidung ob Sie Verluste frühzeitig schließen und so klein wie möglich halten möchten oder ob Sie sich Chancen erhoffen, das die Position(en) in die Gewinnzone zurück kehren.

Jede einzelne Handelsstrategie, jedoch aber auch jede einzelne Verlustmanagementstrategie hat Ihre individuellen Vor- und Nachteile, Chancen und Risiken. Deshalb eine beispielhafte Beschreibung nun anbei:

Die Verlustpositionen (beispielsweise) einige Tage (5 bis 25 Tage) oder Wochen (4 bis 8 Wochen) offen halten, abwarten und im Gewinn oder mit möglichst wenig Verlusten, nach diesem Zeitraum manuell und/oder automatisch (durch den Handelscode und/oder Limit-Setzungen) schließen.

Zur Hilfestellung, etwas bessere Abschätzungen zu treffen, können die dann jeweils aktuelle Nachrichtenlage, Geldpolitik, Wirtschaftliche Verfassung und die Seite:

http://seasonalcharts.de

dienen, um eine eventuell bessere Einschätzung und vor allem eine bessere Abwägung treffen zu können.

Die genaue Entscheidung hierzu und zu anderen weiteren Handelsvorgehensweisen treffen Sie eigenständig.

Wie lange also genau gewartet und darauf gehofft wird, das eine Minusposition sich noch in einen eventuellen Gewinn dreht, muss jede/jeder Anlegerin/Anleger ganz alleine für sich entscheiden. Wichtig ist zu wissen, um so länger man selbst wartet, desto gefährlicher kann es wiederum werden, wenn es beispielsweise weiter ins Minus geht und/oder man auch noch, die eventuell zu zahlenden Finanzierungskosten hinzurechnet.

Generell sollte man niemals bei Hebelhandel, länger als 3 bis 4 Monate darauf warten, ob noch einmal ein Gewinn, bei einer Verlustposition aufkommt, aber wie schon gesagt, das sind Hinweise, Sie entscheiden Ihre Vorgehensweisen eigenständig, denn es kommt auch immer auf die jeweilige Situation an (die immer mehr oder weniger speziell und individuell ist).

Alles ist Einstellung-, Meinungs- und Ansichtssache.

Stop Order schon vorab im jeweiligen Handelscode einzugeben (vorab zu bestimmen) machen zwar, beim automatischen Handel mehr oder weniger Sinn, der automatische Handel wird dadurch auch mehr oder weniger sicher(er), jedoch ist dieser Stop, nicht immer zu empfehlen, denn auch hier können ganz viele Orders mit Stops, zum Totalverlust führen. Es kommt eben darauf an, wie der jeweilige Handelscode ausgestaltet und programmiert worden ist, wird abgesichert (hedging) oder nicht?

Bei diesen zwei Handelscodes (Experten/Bots) ist der Stop nicht zu empfehlen, jedoch muss unbedingt nachfolgendes beachtet werden:

Es muss breit(er) gestreut werden, soll heißen in mindestens 5 und höchstens 10 Währungen und vor allen Dingen aber auch darauf geachtet werden, mit einem geringeren Hebel (Leverage/Hebelwirkung), beispielsweise zwischen dem 10- und 37-fachen, aber niemals über dem 40-fachen zu handeln. Wichtig ist das Sie Ihr Risiko niemals vergessen, den Hebel nicht über dem 40-fachen anwenden und immer am Boden der Tatsachen zu bleiben, um über kurz oder lang, keinen Totalverlust zu erleiden.

Ob Sie sich nun meine Empfehlungen zu herzen nehmen und genau so oder ähnlich anwenden oder eben nicht, ist ganz alleine, Ihre individuelle Entscheidung.

Denn für Nachteile und Gefahren, eines Totalverlustes oder einer (seltenen) mehr oder weniger hohen Nachschussverpflichtung, je nach ausgewählter Hebelhöhe, kann eine Nachschussverpflichtung in hohem Ausmaße entstehen, wenn Sie Hebelwirkungen vom 50-fachen und mehr auswählen, was ICH NICHT EMPFEHLE, können größere Nachschussverpflichtungen, bei den jeweiligen Marktlagen entstehen.

Entscheiden Sie deshalb selbst über Ihre Ersteinzahlung und vor allem die Hebelhöhe. Beachten Sie jedoch in allen Ihren Entscheidungen, falls Sie sich für diese Handelsart entschließen: Umso höher die Hebelwirkung von Ihnen ausgewählt wird, desto höher ist das Risiko, großer Verluste, Totalverluste oder auch im extremsten Fall (was jedoch die Ausnahme darstellt, dennoch jederzeit eintreten könnte) einer Nachschussverpflichtung nach kommen zu müssen.

Deshalb empfehle ich Hebelwirkungen vom 10- bis höchstens 40-fachen.

Die Anbieter, bieten sogar Hebel vom 100- bis hin zum 400-, 500- und (selten) auch 1.000-fachen an, weil genau dann bei so einer hohen Hebelnutzung der Totalverlust, früher oder später vorprogrammiert ist, derartig hohe Hebelwirkungen sind nur von Profis zu nutzen, die beruflich handeln und die vor allem schon Superreich sind und es sich aus dem einen oder anderen Grund leisten können Ihr Geld zu verspielen. Sie sollten das nicht tun, wenn Sie sich etwas aufbauen möchten, langfristig und vor allem nachhaltigen Handel betreiben möchten. Wenn Sie es dennoch nicht lassen können, kann ich nur mit Gewissheit sagen, das es früher oder später, zu einem Totalverlust, wenn nicht sogar zu einer Nachschussverpflichtung kommen wird.

Für Risiken und Nachteile die Ihnen aufgrund des automatischen und/oder manuellen Handels entstehen haftet Sie selbst. Es wird nicht gehaftet. Sie müssen sich vorab erkundigen und beraten lassen, falls bei Ihnen Aufklärungsbedarf besteht. Ich empfehle hierzu eine professionelle, zugelassene Honorarberatung und/oder eine Finanz-/Anlageberatung.

Handeln Sie also allseits, bedacht, vorsichtig, überlegt und vor allem: Übertreiben Sie es nicht, falls Sie sich für diese (hoch)spekulative Handelsart mit mehr oder weniger Hebelwirkung entscheiden (sollten). Ein Handelscode, ist keine grenzenlose, ungefährliche und vor allem nur Gewinnabwerfende Handelsart, es ist einfach eine andere Art und Weise zu handeln, ohne das man selbst ständig, vor dem Computer sitzen muss.

Es gibt wie immer und überall Vor- und Nachteile auch beim Hebelhandel und automaischten Handel.

Meiner Meinung nach, wie sollte es anders sein, überwiegen beim automatischen Handel jedoch letztendlich die Vorteile, vor allem dann, wenn man weiß was man tut, die Strategie kennt oder zumindest baldmöglichst kennen lernt, den Handel mehr oder weniger überwacht (mal einen Blick darauf wirft, einmal täglich oder einmal wöchentlich), eine geringere Hebelwirkung auswählt, ausreichend Eigenkapital (besser 2.000,- bis 3.000,- als "nur" 1.000,-), breit streut (in 5 bis 10 verschiedene Währungen) und vor allen Dingen aber auch mindestens 2 verschiedene Strategien handelt.

Sie entscheiden, treffen Sie allseits eine gute Wahl, recherchieren Sie, erkundigen Sie sich und lassen Sie sich noch einmal von professioneller Seite beraten, wenn dazu Ihrerseits Bedarf und/oder Interesse besteht.

http://start.wirfinit.de/

Hier werden Beiträge über Ansichten, Meinungen und Ideen veröffentlicht:

http://wirfinit.de/

Erklärungen und Ideen lassen sich in dieser Datei finden:

https://drive.google.com/file/d/0B0GGVqZNXdvHOTFWZFNEcUNOTVk/edit?usp=sharing

Nicht jeder Song ist gleich mein Favorit, es gibt Stellen, da stimme ich dem gesagten/gesungenen nicht überein, **wenn es nämlich zu extrem wird.**

Deshalb möchte ich aber noch lange nicht die anderen guten Lieder vorenthalten.

http://www.youtube.com/watch?v=z05ONnDz_V4

Die von mir zufällig gefundenen Videos, die empfohlen, bei mir drinnen stehen, **widerspiegeln, nicht immer oder nicht vollständig, meine Meinung.** Diese empfohlenen Videos, finde ich persönlich **einfach nur überaus interessant**. Ich möchte ein möglichst **großes Spektrum abdecken, damit sich dann jeder frei, unabhängig und unter verschiedenen Quellen informieren kann**. Vieles ist Meinung- und Ansichtssache, dies muss jeder/jede, jeweils für sich selbst entscheiden, was er/sie mag, wie sehr er/sie es mag, warum er/sie es mag und so weiter. Das einzige was mir dabei sehr wichtig ist, das jeder/jede, einzelne von uns, immer friedlich bleibt, seine Ansichten/Meinungen aber auch unbedingt begründen kann und nicht blind und dumm, nur nach redet, aber auch nicht auf Hetze, Neid, Leid und Aggressionserzeugung eingeht.

Nicht jedes Video, nicht jeder Link und auch nicht jede Musik Inhalte, sind gleich mein Favorit, es gibt Stellen, da stimme ich dem nicht überein, **wenn es nämlich zu extrem wird.**

Ich möchte nur allgemein viele Beiträge und vorhandenes Material, das ich meist zufällig gefunden habe, da ich zuvor nach einem anderen Video gesucht habe und dieses dann auch der Leiste als weitere Vorschlagsvideos erhalten habe.

Jeder soll sich selbst seine eigene Meinung bilden, deshalb filter ich auch nichts aus, was ich so alles finde.

Denn wichtig ist so wieso das nicht alles und alle gleich sind, ganz egal ob es jetzt um Berufssparten, um Religionen, um Nationen, um Länder, um Herkunftsorte, um Hobbys, um Anischten und Meinungen geht.

Es gibt überall gutes und nicht so gutes und auch Dinge die dem System ziemlich arg beisetzen und es tagtäglich gefährden. Vor allem auf diese Gefahren möchte ich aufmerksam machen, Wissen ist besser, als nicht wissen, denn so kann man sich vorbereiten, wie genau man sich darauf vorbereiten möchte, ist die Entscheidung jedes einzelnen Mitmenschen.

Ich möchte vieles klar- und darstellen, um vielleicht auch die zukünftigen Geschehnisse zu mildern. Falls es zu schlechten und schlimmen Geschehnissen kommen sollte, vieles deutet, leider darauf hin.

Die von mir zufällig gefundenen Videos, die empfohlen, bei mir drinnen stehen, **widerspiegeln, nicht immer oder nicht vollständig, meine Meinung.** Diese empfohlenen Videos, finde ich persönlich **einfach nur überaus interessant**. Ich möchte ein möglichst **großes Spektrum abdecken, damit sich dann jeder frei, unabhängig und unter verschiedenen Quellen informieren kann**. Vieles ist Meinung- und Ansichtssache, dies muss jeder/jede, jeweils für sich selbst entscheiden, was er/sie mag, wie sehr er/sie es mag, warum er/sie es mag und so weiter. Das einzige was mir dabei sehr wichtig ist, das jeder/jede, einzelne von uns, immer friedlich bleibt, seine Ansichten/Meinungen aber auch unbedingt begründen kann und nicht blind und dumm, nur nach redet, aber auch nicht auf Hetze, Neid, Leid und Aggressionserzeugung eingeht.

Bei bestimmten Dingen stimme ich zu, bei anderen eher nicht (weniger) und andere Sachen finde ich absurd und stimme hierbei somit gar nicht zu, aber es ist jedoch meine Absicht, viele Informationen, Beiträge und Unterhaltungen mit einzubauen, das jeder sich selbst eine (friedliche) Meinungen und Ansicht auf- und ausbauen kann, um somit dann besser mitfühlen, einfühlen und mitdenken zu können.

Es wird schon seit Anbeginn der Geschichte, gespalten, gehetzt, verhetzt und mit Fingern auf andere gezeigt, wie schon gesagt das schlimmste wird auch immer wieder getan: Es wird verallgemeinert.

Wichtig:
Wir sollen voreinander Angst haben (durch geschehene Geschichte, durch Medien und so weiter) oder zumindest abgeneigt sein, wir sollen Vorurteile haben und leider haben wir, zumindest die meisten Mitmenschen diese Vorurteile auch. Wir sollen uns nicht mehr Vertrauen, auf einander eingehen und zu gehen. Dies kann alles aber nur erreicht werden, wenn wir alle oder zu viele darauf eingehen.

Wir sollen uns lieber ablenken lassen, bevor wir auf die Natur, Umwelt, das System, das Weltgeschehen, Astronomie, die Wirtschaft und unseren Mitmenschen mit- und einfühlen (vor allem aber auch komplexer denkend) eingehen und zuwenden.

https://plus.google.com/106648910255060245433/posts

Einige (geistreiche, philosophische und auch mal nur allgemeine) Beiträge:

https://www.youtube.com/watch?feature=player_embedded&v=h_WZVnDSbac

https://www.youtube.com/watch?v=BKroW4v1U3E&feature=player_embedded

Ihr überseht das aller wichtigste, wenn ihr Euch gegenseitig ausspielen lässt, gegeneinander aufhetzen lässt und Euch, mit belanglosem beschäftigt und Euch (zu sehr) ablenken lassen. Ein Mittelweg muss gegangen werden, zwischen Unterhaltung und wichtigen, relevante Themen und vor allem richtigen (wahren) Wissensaufbau.

http://de.wikipedia.org/wiki/The_Lone_Gunmen

http://de.wikipedia.org/wiki/Lethargie

http://www.brainyquote.com/quotes/authors/a/abraham_lincoln.html

http://www.veteranstoday.com/wp-content/uploads/2014/04/Screen-Shot-2014-04-22-at-1.22.45-PM11-640x428.png

Spaß machen und haben aber trotzdem Wissen aufbauen. Eben mehrere oder ein Ausgleich zwischen allem finden. Trennen können und immer einen Mittelweg gehen.

Das wichtigste was es gibt ist Interessen und Hobbys zu haben (ganz egal welche, friedlichen Dinge man gerne macht und/oder anschaut), aber trotzdem das Wissen und das ständige lernen nicht zu vernachlässigen. Es zählt von allem etwas, ein Mittelweg eben und nicht auf negatives hören, glaubt an Euch selbst, ihr seid alle viel mehr wert, wie Euch andere und die Medien einzureden versuchen.

http://de.wikipedia.org/wiki/Dekadenz

http://de.wikipedia.org/wiki/Die_Dinos

"Photosynthese durch Bäume".

Der Klimaschwindel. Das Klima hat sich schon immer verändert, es ist nicht vom Mensch gemacht und wenn dann nur sehr gering (höchstens bis zu 10-Prozent).

Den aller meisten Mitmenschen fehlt so wieso das Geld, um verschwenderisch sein zu können. Von dem her, niemals verhetzen lassen, nichts falsch verstehen und bei Missverständnissen (wenn es jemanden wichtig ist), nachfragen und selbst (nach)recherchieren.

Die "Klima-Propaganda", nicht alles glauben. Unterhaltung ist gut, deshalb das alles hier erstmal als Unterhaltung annehmen und verstehen.

http://de.wikipedia.org/wiki/Photosynthese

https://www.youtube.com/watch?v=NsnQByBBUnI&feature=player_embedded

Mensch = Mensch / vor allem:

Friedlicher Mensch = Friedlicher Mensch egal woher er kommt. Schon sehr traurig nach Kategorien, Vorurteile, Nationalitäten, Religionen und Meinungen/Ansicht zu sortieren (kategorisieren). Es gibt immer noch viel zu viele die darauf eingehen und genau deshalb gibt und erzeugt es auch diese (weltweiten) Probleme. Da muss jeder Darüberstehen, es einsehen, verstehen und Vorurteile ablegen. Seht einmal das große ganze und wer davon profitiert und wer eben nicht oder nur sehr wenig davon profitiert.

Keine Ahnung, aber es ist alles Kopfsache. Psychologie eben. Früher gehänselt worden, ausgegrenzt und so weiter, und je nachdem wie und warum das Geschehen ist, entwickelt der-/diejenige dann Psychische-Störungen, Phobien (Magersucht), vielleicht liegt es auch noch an weiteren Faktoren (Familie). Kein Plan aber eben in diese Richtung. Darüberstehen und endlich auch mal mit- und nachdenken.

Das Video ist lustig, nett gemacht, soll aber einmal wachrütteln was hier (so) alles auf der Welt passiert.

Waffen sind traurig, ein Mensch braucht den ganzen Misst nicht. Wir brauchen uns alle gegenseitig, hört auf zu hassen und Euch gegeneinander ausspielen zu lassen und lasst Euch auch nie wieder (untereinander) gegenseitig aufhetzen.

https://www.youtube.com/watch?v=-ah_Y2_w8hQ&feature=player_embedded

https://www.youtube.com/watch?feature=player_embedded&v=3SQKsZ7c_2s

Echt lustig. Aber die Wahrheit, die meisten glauben das so, was sie da gezeigt bekommen. Aber viele verstehen echt nichts, weil sie sich für nur Misst interessieren. Ich glaube bei manchen ist es wahr und nicht mal ein Drehbuch. Aber die Leute können gar nichts dafür, weil ihn schon als Kind (wo sie klein waren) nur Misst beigebracht worden ist und nichts wahres/wichtiges/relevantes. Achtung: Wenn man zu viel davon schaut, wird man selbst so.

Traurige Weltgeschehnisse passieren wieder einmal derzeit und man lässt sich von Kleinigkeiten ablenken. Als Beispiel ist viel aufzuzählen. Aber was soll es, die wenigsten überblicken das große ganze. Den anderen fehlt einfach die Zeit und/oder das Interesse.

Das Video ist lustig, nett gemacht, soll aber einmal wachrütteln was hier (so) alles auf der Welt passiert.

Waffen sind traurig, ein Mensch braucht den ganzen Misst nicht. Wir brauchen uns alle gegenseitig, hört auf zu hassen und Euch gegeneinander ausspielen zu lassen und lasst Euch auch nie wieder (untereinander) gegenseitig aufhetzen.

https://www.youtube.com/watch?v=NsnQByBBUnI&feature=player_embedded

1. leider bei vielen wahr

2. oder eben Drehbuch ...

3. aber wenn man sich so was häufig ansieht, glaubt man den Schmarren irgendwann wirklich.

Schade - Leute/Mitmenschen ihr habt mehr drauf, müsst Euch nur richtig informieren, selbst recherchieren und dürft nicht alles (blind) glauben und auch nicht immer nur dumm Nachreden. Vor allem nicht auf Dummheit, Arroganz, Ausgrenzung, Hass, Neid, Leid, Verleumdung, "Propaganda" und "Falsche Flagge" eingehen. Bildet Euch, denkt um im Kopf/in Euerm Gehirn. Die Medien wollen Euch durch so etwas auch wachrütteln. Einmal bringt das eben hohe Einschaltquoten, aber es soll auch so ins lächerliche ziehen, das man daraus lernt.

Schade das es so etwas nicht im positiven gibt, also als nicht-Waffe.

http://www.n24.de/n24/Nachrichten/Wissenschaft/d/5054124/ruestungskonzern-zeigt--transformers--jet.html

So ist es.

http://www.n24.de/n24/Mediathek/Sendungen/d/5016926/mythos-wettermanipulation.html

http://www.n24.de/n24/Mediathek/Dokumentationen/d/4482688/gehorsam---das-experiment-.html

http://www.crash-news.com/2013/12/17/raketenschirm-russland-wappnet-sich-gegen-wuergegriff-der-nato/

Traurig sind Waffen immer, denn das Geld kann man auch für gute Alternativen verwenden, für Afrika und für andere Armen Länder. Wasserreinigungs- und Wasserentsalzungsanlagen, unterirdische Kanalsysteme, zum Nahrung anbauen und Felder bewirten, gibt dann wiederum genug Nahrungsmittel.

https://plus.google.com/106648910255060245433/posts/EJ3tYrQiGUP

http://www.bild.de/politik/ausland/star-wars-filme/laserkanone-an-bord-von-schiff-der-us-navy-34731718.bild.html

http://de.wikipedia.org/wiki/Strategic_Defense_Initiative

Traurige Weltgeschehnisse passieren und man lässt sich ablenken.

Als Beispiel ist vieles aufzuzählen. Aber was soll es, die wenigsten überblicken das große ganze. Den anderen fehlt einfach die Zeit und/oder das Interesse.

Trotzdem ist es wichtig sich für die Dinge zu interessieren, da man mit Wissen, Informationen, Bildung und interessanten Themen einfach viel weiter kommt, als ohne Wissen.

Außerdem ist das überaus wichtig:

Öffnet Eure Herzen, Eure Seele, findet zu einander, helft Euch allesamt gegenseitig und hasst nicht (lasst Euch nicht gegenseitig aufhetzen, durch "Propaganda" und "Falsche Flagge[n]").

Denn davon profitiert nicht ihr, sondern jemand, der im Hintergrund steht (diese Personen sind im unerkennbaren Bereich, aber man kann schon sehr gut vermuten, wer es ist) und damit immer, für sich selbst, einen großen Vorteil erzielen kann.

Einmal mehr ist es nun an der Zeit und vor allem, auch gefragt, das man in die Geschichte zurückblickt, noch einmal recherchiert und überdenkt, aber auch den jetzigen, aktuell statt findenden Geschehnissen und Gegebenheiten viel mehr Aufmerksamkeit schenkt.

Ich respektiere jeden als Mitmenschen, ganz egal woher auch immer, ganz egal mit welchen Ansichten/Meinungen und Religionen (so lange friedlich).

Aber vor allem schätze ich alle meine mit- und einfühlenden Mitmenschen, die Ihre inneren Werte behüten und immer wieder durch Mitgefühl und Einfühlungsvermögen zum Vorschein bringen und zeigen.

Einfach diejenigen die auch andere Ansichten und Meinungen, solange diese Friedlich gehalten sind, respektieren, anerkennen, berücksichtigen und vielleicht sogar, zumindest teilweise, in Ihre eigene Gesamtmeinung integrieren.

Aber vor allem auch gerne bereit sind, sich zu informieren, zu recherchieren, neu-/umzudenken und vor allem zusammen halten.

Das ist mal wieder so eine Meldung, die klares, neues und unabhängiges Denken erforderlich macht:

http://m.welt.de/welt_print/article830017/Der-Raketenschirm-ist-alternativlos.html

Ihr müsst trennen können. Schert nicht alle und auch nicht alles über einen Kamm.

Öffnet Euch, aktiviert Euern Verstand, Euer Mitgefühl, Euer Einfühlungsvermögen und recherchiert selbst (lernt immer dazu und lernt niemals aus).

Glaubt nicht alles blind, was Euch erzählt wird.

Macht selbst Eure Erfahrungen.

Hört auch nicht auf "angeblich seriöse" Sender, denn kein Mensch weiß, wie es tatsächlich gewesen ist, was und wie es nun stimmt und was eben alles wahr ist.

Führt Euch selbst an, recherchiert selbst, denkt mit, nehmt Informationen und Wissen von Euren Mitmenschen an, aber geht nicht auf Hass, Hetze, Neiderzeugung, Leid, Krieg, Gewalt, "Propaganda", "Falsche Flagge" und dumme Sprüche ein.

Ihr seid alle fantastisch, ihr seid viel mehr wert, als man Euch weiß zu machen versucht. Wir sind alle gleichermaßen, einzigartige Individuen, aber dennoch gehören wir alle, weltweit zusammen.

Findet immer jeweils Mittelwege, entdeckt aber auch Eure spirituellen Fähigkeiten, vergebt anderen, fühlt Euch in Eure Mitmenschen ein, habt Verständnis und Mitleid.

Schützt ein für allemal (für immer), die schwachen, hilflosen und die Minderheiten.

Lasst Euer Herz, Eure Seele, Euer Einfühlungsvermögen und Mitgefühl jedem Mitmenschen zu gute kommen.

Versteht um was es hier geht.

Lernt richtig zu Leben und alle Mitmenschen, in Frieden leben zu lassen.

Schon komisch irgendwie immer alles alternativlos. Ich sage: Es ist etwas ganz anderes alternativlos: Man muss den ärmsten, Armen, den geringfügig Beschäftigten und dem Mittelstand helfen und KEINE schlechten Dinge fördern, fordern und in diese auch sofort aufhören zu investieren und sinnlos Geld reinzuschütten.

http://www.welt.de/welt_print/article830017/Der-Raketenschirm-ist-alternativlos.html

http://www.youtube.com/channel/UCl40RUigZtJg9Wcyoyg79kA/playlists?sort=dd&view=1&shelf_id=1

Ganz anhören. Denn so ist es heute (schon) wieder. Ihr müsst trennen können. Schert nicht alle und auch nicht alles über einen Kamm. Öffnet Euch, aktiviert Euern Verstand, Euer Mitgefühl, Euer Einfühlungsvermögen und recherchiert selbst (lernt immer dazu und lernt niemals aus). Glaubt nicht alles blind, was Euch erzählt wird. Macht selbst Eure Erfahrungen. Hört auch nicht auf "angeblich seriöse" Sender, denn kein Mensch weiß, wie es gewesen ist, was und wie es nun stimmt und was eben alles ist, bis auf die Wahrheit. Führt Euch selbst an, recherchiert selbst, denkt mit, nehmt Informationen und Wissen von Euren Mitmenschen an, aber geht nicht auf Hass, Hetze, Neiderzeugung, Leid, Krieg, Gewalt, "Propaganda", "Falsche Flagge" und dumme Sprüche ein. Ihr seid alle fantastisch, ihr seid viel mehr wert, als man Euch weiß zu machen versucht. Findet immer jeweils Mittelwege, entdeckt aber auch Eure spirituellen Fähigkeiten, vergebt anderen, fühlt Euch in Eure Mitmenschen ein, habt Verständnis und Mitleid. Schützt ein für allemal (für immer), die schwachen, hilflosen und die Minderheiten. Lasst Euer Herz, Eure Seele, Euer Einfühlungsvermögen und Mitgefühl jedem Mitmenschen zu gute kommen. Versteht um was es hier geht. Lernt richtig zu Leben und alle Mitmenschen, in Frieden leben zu lassen.

https://www.youtube.com/watch?v=ExPY2zCHUqM&feature=player_embedded

Traurige Weltgeschehnisse passieren und man lässt sich leider (meist) viel zu sehr von wichtigen und relevanten Themen ablenken.

Ablenkung (Unterhaltung, etwas lustiges oder was auch immer) ist gut, sofern jeder zuvor ein möglichst neutralen, sich selbst aber auch vor allem wahrheitsgetreuen, großen Wissensschatz aufgebaut und angeeignet hat.

Ich bin mir nicht ganz sicher, vermute jedoch, das die wenigsten das Große ganze überblicken und begreifen können. Warum auch immer viele Mitmenschen nicht begreifen können oder wollen, weiß ich nicht. Es geht mich auch überhaupt nichts an. Ich philosophiere eben sehr gerne über die verschiedensten Themen. Vielen guten Mitmenschen fehlt einfach die Zeit und/oder das Interesse.

Trotzdem ist es wichtig sich für die Dinge zu interessieren, da man mit Wissen, Informationen, Bildung und interessanten Themen einfach viel weiter kommt, als ohne Wissen. Außerdem ist das überaus wichtig:

Öffnet Eure Herzen, Eure Seele, findet zu einander, helft Euch allesamt gegenseitig und hasst nicht (lasst Euch nicht gegenseitig aufhetzen, durch "Propaganda" und "Falsche Flagge[n]").

Denn davon profitiert nicht ihr, sondern jemand, der im Hintergrund steht (diese Personen sind im unerkennbaren Bereich, aber man kann schon sehr gut vermuten, wer es ist) und damit immer, für sich selbst, einen großen Vorteil erzielen kann.

Einmal mehr ist es nun an der Zeit und vor allem, auch gefragt, das man in die Geschichte zurückblickt, noch einmal recherchiert und überdenkt, aber auch den jetzigen, aktuell statt findenden Geschehnissen und Gegebenheiten viel mehr Aufmerksamkeit schenkt.

Ich respektiere jeden als Mitmenschen, ganz egal woher auch immer, ganz egal mit welchen Ansichten/Meinungen und Religionen (so lange friedlich ausgeübt, nachgegangen und praktiziert).

Denn:
1. es sind nicht alle gleich (über einen Kamm zu scheren), denkt also nach.
2. die Hintergründe sind alle viel komplexer, als es scheint und man muss sich damit schon auseinander setzen, wenn man wissen will was genau oder am ehesten dahintersteckt und die Wahrheit ist.
3. es gibt genügend "Propaganda" und "Falsche Flagge Attacken", so weit wird leider sehr oft gar nicht gedacht.

Also schätze ich auf jeden Fall alle friedlichen Mitmenschen, weltweit. Vor allem unsere mit- und einfühlenden Mitmenschen, die Ihre inneren Werte behüten und immer wieder durch Mitgefühl und Einfühlungsvermögen zum Vorschein bringen und zeigen.

Einfach diejenigen die auch andere Ansichten und Meinungen, solange diese Friedlich gehalten sind, respektieren, anerkennen, berücksichtigen und vielleicht sogar, zumindest teilweise, in Ihre eigene Gesamtmeinung integrieren.

Aber vor allem auch gerne bereit sind, sich zu informieren, zu recherchieren, sich neu auszurichten, umzudenken und vor allem zusammen halten.

Das ist mal wieder so eine Meldung, die klares, neues und unabhängiges Denken erforderlich macht:

http://m.welt.de/welt_print/article830017/Der-Raketenschirm-ist-alternativlos.html

Ihr müsst also trennen können. Schert nicht alle und auch nicht alles über einen Kamm. Öffnet Euch, aktiviert Euern Verstand, Euer Mitgefühl, Euer Einfühlungsvermögen und recherchiert selbst (lernt immer dazu und lernt niemals aus). Glaubt nicht alles blind, was Euch erzählt wird. <u>Macht selbst Eure Erfahrungen.</u>

Hört auch nicht auf "angeblich seriöse" Sender, denn kein Mensch weiß, wie es tatsächlich gewesen ist, was und wie es nun stimmt und was eben alles wahr ist.

Führt Euch selbst an, recherchiert selbst, denkt mit, nehmt Informationen und Wissen von Euren Mitmenschen an, aber geht nicht auf Hass, Hetze, Neiderzeugung, Leid, Krieg, Gewalt, "Propaganda", "Falsche Flagge" und dumme Sprüche ein.

Ihr seid alle fantastisch, ihr seid viel mehr wert, als man Euch weiß zu machen versucht. Wir sind alle gleichermaßen, einzigartige Individuen, aber dennoch gehören wir alle, weltweit zusammen.

Findet immer jeweils Mittelwege, entdeckt aber auch Eure spirituellen Fähigkeiten, vergebt anderen, fühlt Euch in Eure Mitmenschen ein, habt Verständnis und Mitleid.

Schützt ein für allemal (für immer), die schwachen, hilflosen und die Minderheiten.

Lasst Euer Herz, Eure Seele, Euer Einfühlungsvermögen und Mitgefühl jedem Mitmenschen zu gute kommen. Versteht um was es hier geht.

Lernt richtig zu Leben und alle Mitmenschen, in Frieden leben zu lassen.

https://www.youtube.com/watch?v=ExPY2zCHUqM&feature=player_embedded

Ganz anhören. Denn so ist es heute (schon) wieder.

Ihr müsst trennen können. Schert nicht alle und auch nicht alles über einen Kamm. Öffnet Euch, aktiviert Euern Verstand, Euer Mitgefühl, Euer Einfühlungsvermögen und recherchiert selbst (lernt immer dazu und lernt niemals aus).

Glaubt nicht alles blind, was Euch erzählt wird. Macht selbst Eure Erfahrungen. Hört auch nicht auf "angeblich seriöse" Sender, denn kein Mensch weiß, wie es gewesen ist, was und wie es nun stimmt und was eben alles ist, bis auf die Wahrheit.

Führt Euch selbst an, recherchiert selbst, denkt mit, nehmt Informationen und Wissen von Euren Mitmenschen an, aber geht nicht auf Hass, Hetze, Neiderzeugung, Leid, Krieg, Gewalt, "Propaganda", "Falsche Flagge" und dumme Sprüche ein.

Ihr seid alle fantastisch, ihr seid viel mehr wert, als man Euch weiß zu machen versucht. Findet immer jeweils Mittelwege, entdeckt aber auch Eure spirituellen Fähigkeiten, vergebt anderen, fühlt Euch in Eure Mitmenschen ein, habt Verständnis und Mitleid. Schützt ein für allemal (für immer), die schwachen, hilflosen und die Minderheiten. Lasst Euer Herz, Eure Seele, Euer Einfühlungsvermögen und Mitgefühl jedem Mitmenschen zu gute kommen.

Versteht um was es hier geht. Lernt richtig zu Leben und alle Mitmenschen, in Frieden leben zu lassen.

http://www.youtube.com/channel/UCI4ORUigZtJg9Wcyoyg79kA/playlists?sort=dd&view=1&shelf_id=1

Nicht jedes Video, nicht jeder Link und auch nicht jede Musik Inhalte, sind gleich mein Favorit, es gibt Stellen, da stimme ich dem nicht überein, wenn es nämlich zu extrem wird.

Ich möchte nur allgemein viele Beiträge und vorhandenes Material, das ich meist zufällig gefunden habe, da ich zuvor nach einem anderen Video gesucht habe und dieses dann auch der Leiste als weitere Vorschlagsvideos erhalten habe.

Jeder soll sich selbst seine eigene Meinung bilden, deshalb filter ich auch nichts aus, was ich so alles finde.

Denn wichtig ist so wieso das nicht alles und alle gleich sind, ganz egal ob es jetzt um Berufssparten, um Religionen, um Nationen, um Länder, um Herkunftsorte, um Hobbys, um Anischten und Meinungen geht.

Es gibt überall gutes und nicht so gutes und auch Dinge die dem System ziemlich arg beisetzen und es tagtäglich gefährden. Vor allem auf diese Gefahren möchte ich aufmerksam machen, Wissen ist besser, als nicht wissen, denn so kann man sich vorbereiten, wie genau man sich darauf vorbereiten möchte, ist die Entscheidung jedes einzelnen Mitmenschen.

Ich möchte vieles klar- und darstellen, um vielleicht auch die zukünftigen Geschehnisse zu mildern. Falls es zu schlechten und schlimmen Geschehnissen kommen sollte, vieles deutet, leider darauf hin.

Die von mir zufällig gefundenen Videos, die empfohlen, bei mir drinnen stehen, widerspiegeln, nicht immer oder nicht vollständig, meine Meinung. Diese empfohlenen Videos, finde ich persönlich einfach nur überaus interessant. Ich möchte ein möglichst großes Spektrum abdecken, damit sich dann jeder frei, unabhängig und unter verschiedenen Quellen informieren kann. Vieles ist Meinung- und Ansichtssache, dies muss jeder/jede, jeweils für sich selbst entscheiden, was er/sie mag, wie sehr er/sie es mag, warum er/sie es mag und so weiter. Das einzige was mir dabei sehr wichtig ist, das jeder/jede, einzelne von uns, immer friedlich bleibt, seine Ansichten/Meinungen aber auch unbedingt begründen kann und nicht blind und dumm, nur nach redet, aber auch nicht auf Hetze, Neid, Leid und Aggressionserzeugung eingeht.

Bei bestimmten Dingen stimme ich zu, bei anderen eher nicht (weniger) und andere Sachen finde ich absurd und stimme hierbei somit gar nicht zu, aber es ist jedoch meine Absicht, viele Informationen, Beiträge und Unterhaltungen mit einzubauen, das jeder sich selbst eine (friedliche) Meinungen und Ansicht auf- und ausbauen kann, um somit dann besser mitfühlen, einfühlen und mitdenken zu können.

Es wird schon seit Anbeginn der Geschichte, gespalten, gehetzt, verhetzt und mit Fingern auf andere gezeigt, wie schon gesagt das schlimmste wird auch immer wieder getan: Es wird verallgemeinert.

Wichtig:

Wir sollen voreinander Angst haben (durch geschehene Geschichte, durch Medien und so weiter) oder zumindest abgeneigt sein, wir sollen Vorurteile haben und leider haben wir, zumindest die meisten Mitmenschen diese Vorurteile auch. Wir sollen uns nicht mehr Vertrauen, auf einander eingehen und zu gehen. Dies kann alles aber nur erreicht werden, wenn wir alle oder zu viele darauf eingehen.

Wir sollen uns lieber ablenken lassen, bevor wir auf die Natur, Umwelt, das System, das Weltgeschehen, Astronomie, die Wirtschaft und unseren Mitmenschen mit- und einfühlen (vor allem aber auch komplexer denkend) eingehen und zuwenden.

Informiert und bildet Euch selbst ausreichend, wenn Ihr dann Euer Wissen aufgebaut habt, lenkt Euch wieder ab, macht was lustiges und so weiter, die Hauptsache ist Ihr wisst alle was los ist.

Nicht jedes Video, nicht jeder Link und auch nicht jede Musik Inhalte, sind gleich mein Favorit, es gibt Stellen, da stimme ich dem nicht überein, **wenn es nämlich zu extrem wird**.

Ich möchte nur allgemein viele Beiträge und vorhandenes Material, das ich meist zufällig gefunden habe, da ich zuvor nach einem anderen Video gesucht habe und dieses dann auch der Leiste als weitere Vorschlagsvideos erhalten habe.

Jeder soll sich selbst seine eigene Meinung bilden, deshalb filter ich auch nichts aus, was ich so alles finde.

Denn wichtig ist so wieso das nicht alles und alle gleich sind, ganz egal ob es jetzt um Berufssparten, um Religionen, um Nationen, um Länder, um Herkunftsorte, um Hobbys, um Ansichten und Meinungen geht.

Es gibt überall gutes und nicht so gutes und auch Dinge die dem System ziemlich arg beisetzen und es tagtäglich gefährden. Vor allem auf diese Gefahren möchte ich aufmerksam machen, Wissen ist besser, als nicht wissen, denn so kann man sich vorbereiten, wie genau man sich darauf vorbereiten möchte, ist die Entscheidung jedes einzelnen Mitmenschen.

Ich möchte vieles klar- und darstellen, um vielleicht auch die zukünftigen Geschehnisse zu mildern. Falls es zu schlechten und schlimmen Geschehnissen kommen sollte, vieles deutet, leider darauf hin.

Die von mir zufällig gefundenen Videos, die empfohlen, bei mir drinnen stehen, **widerspiegeln, nicht immer oder nicht vollständig, meine Meinung**. Diese empfohlenen Videos, finde ich persönlich **einfach nur überaus interessant**. Ich möchte ein möglichst **großes Spektrum abdecken, damit sich dann jeder frei, unabhängig und unter verschiedenen Quellen informieren kann**. Vieles ist Meinung- und Ansichtssache, dies muss jeder/jede, jeweils für sich selbst entscheiden, was er/sie mag, wie sehr er/sie es mag, warum er/sie es mag und so weiter. Das einzige was mir dabei sehr wichtig ist, das jeder/jede, einzelne von uns, immer friedlich bleibt, seine Ansichten/Meinungen aber auch unbedingt begründen kann und nicht blind und dumm, nur nach redet, aber auch nicht auf Hetze, Neid, Leid und Aggressionserzeugung eingeht.

Bei bestimmten Dingen stimme ich zu, bei anderen eher nicht (weniger) und andere Sachen finde ich absurd und stimme hierbei somit gar nicht zu, aber es ist jedoch meine Absicht, viele Informationen, Beiträge und Unterhaltungen mit einzubauen, das jeder sich selbst eine (friedliche) Meinungen und Ansicht auf- und ausbauen kann, um somit dann besser mitfühlen, einfühlen und mitdenken zu können.

Es wird schon seit Anbeginn der Geschichte, gespalten, gehetzt, verhetzt und mit Fingern auf andere gezeigt, wie schon gesagt das schlimmste wird auch immer wieder getan: Es wird verallgemeinert.

Wichtig:
Wir sollen voreinander Angst haben (durch geschehene Geschichte, durch Medien und so weiter) oder zumindest abgeneigt sein, wir sollen Vorurteile haben und leider haben wir, zumindest die meisten Mitmenschen diese Vorurteile auch. Wir sollen uns nicht mehr Vertrauen, auf einander eingehen und zu gehen. Dies kann alles aber nur erreicht werden, wenn wir alle oder zu viele darauf eingehen.

Wir sollen uns lieber ablenken lassen, bevor wir auf die Natur, Umwelt, das System, das Weltgeschehen, Astronomie, die Wirtschaft und unseren Mitmenschen mit- und einfühlen (vor allem aber auch komplexer denkend) eingehen und zuwenden.

https://plus.google.com/106648910255060245433/posts

Einige (geistreiche, philosophische und auch mal nur allgemeine) Beiträge:

https://www.youtube.com/watch?feature=player_embedded&v=h_WZVnDSbac

https://www.youtube.com/watch?v=BKroW4v1U3E&feature=player_embedded

Ihr überseht das aller wichtigste, wenn ihr Euch gegenseitig ausspielen lässt, gegeneinander aufhetzen lässt und Euch, mit belanglosem beschäftigt und Euch (zu sehr) ablenken lässt. Ein Mittelweg muss gegangen werden, zwischen Unterhaltung und wichtigen, relevante Themen und vor allem richtigen (wahren) Wissensaufbau.

http://de.wikipedia.org/wiki/The_Lone_Gunmen

http://de.wikipedia.org/wiki/Lethargie

http://www.brainyquote.com/quotes/authors/a/abraham_lincoln.html

http://www.veteranstoday.com/wp-content/uploads/2014/04/Screen-Shot-2014-04-22-at-1.22.45-PM11-640x428.png

Spaß machen und haben aber trotzdem Wissen aufbauen. Eben mehrere oder ein Ausgleich zwischen allem finden. Trennen können und immer einen Mittelweg gehen.

Das wichtigste was es gibt ist Interessen und Hobbys zu haben (ganz egal welche, friedlichen Dinge man gerne macht und/oder anschaut), aber trotzdem das Wissen und das ständige lernen nicht zu vernachlässigen. Es zählt von allem etwas, ein Mittelweg eben und nicht auf negatives hören, glaubt an Euch selbst, ihr seid alle viel mehr wert, wie Euch andere und die Medien einzureden versuchen.

http://de.wikipedia.org/wiki/Dekadenz

http://de.wikipedia.org/wiki/Die_Dinos

"Photosynthese durch Bäume".

Der Klimaschwindel. Das Klima hat sich schon immer verändert, es ist nicht vom Mensch gemacht und wenn dann nur sehr gering (höchstens bis zu 10-Prozent).

Den aller meisten Mitmenschen fehlt so wieso das Geld, um verschwenderisch sein zu können. Von dem her, niemals verhetzen lassen, nichts falsch verstehen und bei Missverständnissen (wenn es jemanden wichtig ist), nachfragen und selbst (nach)recherchieren.

Die "Klima-Propaganda", nicht alles glauben. Unterhaltung ist gut, deshalb das alles hier erstmal als Unterhaltung annehmen und verstehen.

http://de.wikipedia.org/wiki/Photosynthese

https://www.youtube.com/watch?v=NsnQByBBUnI&feature=player_embedded

Mensch = Mensch / vor allem:

Friedlicher Mensch = Friedlicher Mensch egal woher er kommt. Schon sehr traurig nach Kategorien, Vorurteile, Nationalitäten, Religionen und Meinungen/Ansicht zu sortieren (kategorisieren). Es gibt immer noch viel zu viele die darauf eingehen und genau deshalb gibt und erzeugt es auch diese (weltweiten) Probleme. Da muss jeder Darüberstehen, es einsehen, verstehen und Vorurteile ablegen. Seht einmal das große ganze und wer davon profitiert und wer eben nicht oder nur sehr wenig davon profitiert.

Keine Ahnung, aber es ist alles Kopfsache. Psychologie eben. Früher gehänselt worden, ausgegrenzt und so weiter, und je nachdem wie und warum das Geschehen ist, entwickelt der-/diejenige dann Psychische-Störungen, Phobien (Magersucht), vielleicht liegt es auch noch an weiteren Faktoren (Familie). Kein Plan aber eben in diese Richtung. Darüberstehen und endlich auch mal mit- und nachdenken.

Das Video ist lustig, nett gemacht, soll aber einmal wachrütteln was hier (so) alles auf der Welt passiert.

Waffen sind traurig, ein Mensch braucht den ganzen Misst nicht. Wir brauchen uns alle gegenseitig, hört auf zu hassen und Euch gegeneinander ausspielen zu lassen und lasst Euch auch nie wieder (untereinander) gegenseitig aufhetzen.

https://www.youtube.com/watch?v=-ah_Y2_w8hQ&feature=player_embedded

https://www.youtube.com/watch?feature=player_embedded&v=3SQKsZ7c_2s

Echt lustig. Aber die Wahrheit, die meisten glauben das so, was sie da gezeigt bekommen. Aber viele verstehen echt nichts, weil sie sich für nur Misst interessieren. Ich glaube bei manchen ist es wahr und nicht mal ein Drehbuch. Aber die Leute können gar nichts dafür, weil ihn schon als Kind (wo sie klein waren) nur Misst beigebracht worden ist und nichts wahres/wichtiges/relevantes. Achtung: Wenn man zu viel davon schaut, wird man selbst so.

Traurige Weltgeschehnisse passieren wieder einmal derzeit und man lässt sich von Kleinigkeiten ablenken. Als Beispiel ist viel aufzuzählen. Aber was soll es, die wenigsten überblicken das große ganze. Den anderen fehlt einfach die Zeit und/oder das Interesse.

Das Video ist lustig, nett gemacht, soll aber einmal wachrütteln was hier (so) alles auf der Welt passiert.

Waffen sind traurig, ein Mensch braucht den ganzen Misst nicht. Wir brauchen uns alle gegenseitig, hört auf zu hassen und Euch gegeneinander ausspielen zu lassen und lasst Euch auch nie wieder (untereinander) gegenseitig aufhetzen.

https://www.youtube.com/watch?v=NsnQByBBUnI&feature=player_embedded

1. leider bei vielen wahr

2. oder eben Drehbuch ...

3. aber wenn man sich so was häufig ansieht, glaubt man den Schmarren irgendwann wirklich.

Schade - Leute/Mitmenschen ihr habt mehr drauf, müsst Euch nur richtig informieren, selbst recherchieren und dürft nicht alles (blind) glauben und auch nicht immer nur dumm Nachreden. Vor allem nicht auf Dummheit, Arroganz, Ausgrenzung, Hass, Neid, Leid, Verleumdung, "Propaganda" und "Falsche Flagge" eingehen. Bildet Euch, denkt um im Kopf/in Euerm Gehirn. Die Medien wollen Euch durch so etwas auch wachrütteln. Einmal bringt das eben hohe Einschaltquoten, aber es soll auch so ins lächerliche ziehen, das man daraus lernt.

Schade das es so etwas nicht im positiven gibt, also als nicht-Waffe.

http://www.n24.de/n24/Nachrichten/Wissenschaft/d/5054124/ruestungskonzern-zeigt--transformers--jet.html

So ist es.

http://www.n24.de/n24/Mediathek/Sendungen/d/5016926/mythos-wettermanipulation.html

http://www.n24.de/n24/Mediathek/Dokumentationen/d/4482688/gehorsam---das-experiment-.html

http://www.crash-news.com/2013/12/17/raketenschirm-russland-wappnet-sich-gegen-wuergegriff-der-nato/

Traurig sind Waffen immer, denn das Geld kann man auch für gute Alternativen verwenden, für Afrika und für andere Armen Länder. Wasserreinigungs- und Wasserentsalzungsanlagen, unterirdische Kanalsysteme, zum Nahrung anbauen und Felder bewirten, gibt dann wiederum genug Nahrungsmittel.

https://plus.google.com/106648910255060245433/posts/EJ3tYrQiGUP

http://www.bild.de/politik/ausland/star-wars-filme/laserkanone-an-bord-von-schiff-der-us-navy-34731718.bild.html

http://de.wikipedia.org/wiki/Strategic_Defense_Initiative

Traurige Weltgeschehnisse passieren und man lässt sich ablenken.

Als Beispiel ist vieles aufzuzählen. Aber was soll es, die wenigsten überblicken das große ganze. Den anderen fehlt einfach die Zeit und/oder das Interesse.

Trotzdem ist es wichtig sich für die Dinge zu interessieren, da man mit Wissen, Informationen, Bildung und interessanten Themen einfach viel weiter kommt, als ohne Wissen.

Außerdem ist das überaus wichtig:

Öffnet Eure Herzen, Eure Seele, findet zu einander, helft Euch allesamt gegenseitig und hasst nicht (lasst Euch nicht gegenseitig aufhetzen, durch "Propaganda" und "Falsche Flagge[n]").

Denn davon profitiert nicht ihr, sondern jemand, der im Hintergrund steht (diese Personen sind im unerkennbaren Bereich, aber man kann schon sehr gut vermuten, wer es ist) und damit immer, für sich selbst, einen großen Vorteil erzielen kann.

Einmal mehr ist es nun an der Zeit und vor allem, auch gefragt, das man in die Geschichte zurückblickt, noch einmal recherchiert und überdenkt, aber auch den jetzigen, aktuell statt findenden Geschehnissen und Gegebenheiten viel mehr Aufmerksamkeit schenkt.

Ich respektiere jeden als Mitmenschen, ganz egal woher auch immer, ganz egal mit welchen Ansichten/Meinungen und Religionen (so lange friedlich).

Aber vor allem schätze ich alle meine mit- und einfühlenden Mitmenschen, die Ihre inneren Werte behüten und immer wieder durch Mitgefühl und Einfühlungsvermögen zum Vorschein bringen und zeigen.

Einfach diejenigen die auch andere Ansichten und Meinungen, solange diese Friedlich gehalten sind, respektieren, anerkennen, berücksichtigen und vielleicht sogar, zumindest teilweise, in Ihre eigene Gesamtmeinung integrieren.

Aber vor allem auch gerne bereit sind, sich zu informieren, zu recherchieren, neu-/umzudenken und vor allem zusammen halten.

Das ist mal wieder so eine Meldung, die klares, neues und unabhängiges Denken erforderlich macht:

http://m.welt.de/welt_print/article830017/Der-Raketenschirm-ist-alternativlos.html

Ihr müsst trennen können. Schert nicht alle und auch nicht alles über einen Kamm.

Öffnet Euch, aktiviert Euern Verstand, Euer Mitgefühl, Euer Einfühlungsvermögen und recherchiert selbst (lernt immer dazu und lernt niemals aus).

Glaubt nicht alles blind, was Euch erzählt wird.

Macht selbst Eure Erfahrungen.

Hört auch nicht auf "angeblich seriöse" Sender, denn kein Mensch weiß, wie es tatsächlich gewesen ist, was und wie es nun stimmt und was eben alles wahr ist.

Führt Euch selbst an, recherchiert selbst, denkt mit, nehmt Informationen und Wissen von Euren Mitmenschen an, aber geht nicht auf Hass, Hetze, Neiderzeugung, Leid, Krieg, Gewalt, "Propaganda", "Falsche Flagge" und dumme Sprüche ein.

Ihr seid alle fantastisch, ihr seid viel mehr wert, als man Euch weiß zu machen versucht. Wir sind alle gleichermaßen, einzigartige Individuen, aber dennoch gehören wir alle, weltweit zusammen.

Findet immer jeweils Mittelwege, entdeckt aber auch Eure spirituellen Fähigkeiten, vergebt anderen, fühlt Euch in Eure Mitmenschen ein, habt Verständnis und Mitleid.

Schützt ein für allemal (für immer), die schwachen, hilflosen und die Minderheiten.

Lasst Euer Herz, Eure Seele, Euer Einfühlungsvermögen und Mitgefühl jedem Mitmenschen zu gute kommen.

Versteht um was es hier geht.

Lernt richtig zu Leben und alle Mitmenschen, in Frieden leben zu lassen.

Schon komisch irgendwie immer alles alternativlos. Ich sage: Es ist etwas ganz anderes alternativlos: Man muss den ärmsten, Armen, den geringfügig Beschäftigten und dem Mittelstand helfen und KEINE schlechten Dinge fördern, fordern und in diese auch sofort aufhören zu investieren und sinnlos Geld reinzuschütten.

http://www.welt.de/welt_print/article830017/Der-Raketenschirm-ist-alternativlos.html

http://www.youtube.com/channel/UCI40RUigZtJg9Wcyoyg79kA/playlists?sort=dd&view=1&shelf_id=1

Ganz anhören. Denn so ist es heute (schon) wieder. Ihr müsst trennen können. Schert nicht alle und auch nicht alles über einen Kamm. Öffnet Euch, aktiviert Euern Verstand, Euer Mitgefühl, Euer Einfühlungsvermögen und recherchiert selbst (lernt immer dazu und lernt niemals aus). Glaubt nicht alles blind, was Euch erzählt wird. Macht selbst Eure Erfahrungen. Hört auch nicht auf "angeblich seriöse" Sender, denn kein Mensch weiß, wie es gewesen ist, was und wie es nun stimmt und was eben alles ist, bis auf die Wahrheit. Führt Euch selbst an, recherchiert selbst, denkt mit, nehmt Informationen und Wissen von Euren Mitmenschen an, aber geht nicht auf Hass, Hetze, Neiderzeugung, Leid, Krieg, Gewalt, "Propaganda", "Falsche Flagge" und dumme Sprüche ein. Ihr seid alle fantastisch, ihr seid viel mehr wert, als man Euch weiß zu machen versucht. Findet immer jeweils Mittelwege, entdeckt aber auch Eure spirituellen Fähigkeiten, vergebt anderen, fühlt Euch in Eure Mitmenschen ein, habt Verständnis und Mitleid. Schützt ein für allemal (für immer), die schwachen, hilflosen und die Minderheiten. Lasst Euer Herz, Eure Seele, Euer Einfühlungsvermögen und Mitgefühl jedem Mitmenschen zu gute kommen. Versteht um was es hier geht. Lernt richtig zu Leben und alle Mitmenschen, in Frieden leben zu lassen.

https://www.youtube.com/watch?v=ExPY2zCHUqM&feature=player_embedded

Traurige Weltgeschehnisse passieren und man lässt sich leider (meist) viel zu sehr von wichtigen und relevanten Themen ablenken.

Ablenkung (Unterhaltung, etwas lustiges oder was auch immer) ist gut, sofern jeder zuvor ein möglichst neutralen, sich selbst aber auch vor allem wahrheitsgetreuen, großen Wissensschatz aufgebaut und angeeignet hat.

Ich bin mir nicht ganz sicher, vermute jedoch, das die wenigsten das Große ganze überblicken und begreifen können. Warum auch immer viele Mitmenschen nicht begreifen können oder wollen, weiß ich nicht. Es geht mich auch überhaupt nichts an. Ich philosophiere eben sehr gerne über die verschiedensten Themen. Vielen guten Mitmenschen fehlt einfach die Zeit und/oder das Interesse.

Trotzdem ist es wichtig sich für die Dinge zu interessieren, da man mit Wissen, Informationen, Bildung und interessanten Themen einfach viel weiter kommt, als ohne Wissen. Außerdem ist das überaus wichtig:

Öffnet Eure Herzen, Eure Seele, findet zu einander, helft Euch allesamt gegenseitig und hasst nicht (lasst Euch nicht gegenseitig aufhetzen, durch "Propaganda" und "Falsche Flagge[n]").

Denn davon profitiert nicht ihr, sondern jemand, der im Hintergrund steht (diese Personen sind im unerkennbaren Bereich, aber man kann schon sehr gut vermuten, wer es ist) und damit immer, für sich selbst, einen großen Vorteil erzielen kann.

Einmal mehr ist es nun an der Zeit und vor allem, auch gefragt, das man in die Geschichte zurückblickt, noch einmal recherchiert und überdenkt, aber auch den jetzigen, aktuell statt findenden Geschehnissen und Gegebenheiten viel mehr Aufmerksamkeit schenkt.

Ich respektiere jeden als Mitmenschen, ganz egal woher auch immer, ganz egal mit welchen Ansichten/Meinungen und Religionen (so lange friedlich ausgeübt, nachgegangen und praktiziert).

Denn:
1. es sind nicht alle gleich (über einen Kamm zu scheren), denkt also nach.
2. die Hintergründe sind alle viel komplexer, als es scheint und man muss sich damit schon auseinander setzen, wenn man wissen will was genau oder am ehesten dahintersteckt und die Wahrheit ist.
3. es gibt genügend "Propaganda" und "Falsche Flagge Attacken", so weit wird leider sehr oft gar nicht gedacht.

Also schätze ich auf jeden Fall alle friedlichen Mitmenschen, weltweit. Vor allem unsere mit- und einfühlenden Mitmenschen, die Ihre inneren Werte behüten und immer wieder durch Mitgefühl und Einfühlungsvermögen zum Vorschein bringen und zeigen.

Einfach diejenigen die auch andere Ansichten und Meinungen, solange diese Friedlich gehalten sind, respektieren, anerkennen, berücksichtigen und vielleicht sogar, zumindest teilweise, in Ihre eigene Gesamtmeinung integrieren.

Aber vor allem auch gerne bereit sind, sich zu informieren, zu recherchieren, sich neu auszurichten, umzudenken und vor allem zusammen halten.

Das ist mal wieder so eine Meldung, die klares, neues und unabhängiges Denken erforderlich macht:

http://m.welt.de/welt_print/article830017/Der-Raketenschirm-ist-alternativlos.html

Ihr müsst also trennen können. Schert nicht alle und auch nicht alles über einen Kamm. Öffnet Euch, aktiviert Euern Verstand, Euer Mitgefühl, Euer Einfühlungsvermögen und recherchiert selbst (lernt immer dazu und lernt niemals aus). Glaubt nicht alles blind, was Euch erzählt wird. <u>Macht selbst Eure Erfahrungen.</u>

Hört auch nicht auf "angeblich seriöse" Sender, denn kein Mensch weiß, wie es tatsächlich gewesen ist, was und wie es nun stimmt und was eben alles wahr ist.

Führt Euch selbst an, recherchiert selbst, denkt mit, nehmt Informationen und Wissen von Euren Mitmenschen an, aber geht nicht auf Hass, Hetze, Neiderzeugung, Leid, Krieg, Gewalt, "Propaganda", "Falsche Flagge" und dumme Sprüche ein.

Ihr seid alle fantastisch, ihr seid viel mehr wert, als man Euch weiß zu machen versucht. Wir sind alle gleichermaßen, einzigartige Individuen, aber dennoch gehören wir alle, weltweit zusammen.

Findet immer jeweils Mittelwege, entdeckt aber auch Eure spirituellen Fähigkeiten, vergebt anderen, fühlt Euch in Eure Mitmenschen ein, habt Verständnis und Mitleid.

Schützt ein für allemal (für immer), die schwachen, hilflosen und die Minderheiten.

Lasst Euer Herz, Eure Seele, Euer Einfühlungsvermögen und Mitgefühl jedem Mitmenschen zu gute kommen. Versteht um was es hier geht.

Lernt richtig zu Leben und alle Mitmenschen, in Frieden leben zu lassen.

https://www.youtube.com/watch?v=ExPY2zCHUqM&feature=player_embedded

Ganz anhören. Denn so ist es heute (schon) wieder.

Ihr müsst trennen können. Schert nicht alle und auch nicht alles über einen Kamm. Öffnet Euch, aktiviert Euern Verstand, Euer Mitgefühl, Euer Einfühlungsvermögen und recherchiert selbst (lernt immer dazu und lernt niemals aus).

Glaubt nicht alles blind, was Euch erzählt wird. Macht selbst Eure Erfahrungen. Hört auch nicht auf "angeblich seriöse" Sender, denn kein Mensch weiß, wie es gewesen ist, was und wie es nun stimmt und was eben alles ist, bis auf die Wahrheit.

Führt Euch selbst an, recherchiert selbst, denkt mit, nehmt Informationen und Wissen von Euren Mitmenschen an, aber geht nicht auf Hass, Hetze, Neiderzeugung, Leid, Krieg, Gewalt, "Propaganda", "Falsche Flagge" und dumme Sprüche ein.

Ihr seid alle fantastisch, ihr seid viel mehr wert, als man Euch weiß zu machen versucht. Findet immer jeweils Mittelwege, entdeckt aber auch Eure spirituellen Fähigkeiten, vergebt anderen, fühlt Euch in Eure Mitmenschen ein, habt Verständnis und Mitleid. Schützt ein für allemal (für immer), die schwachen, hilflosen und die Minderheiten. Lasst Euer Herz, Eure Seele, Euer Einfühlungsvermögen und Mitgefühl jedem Mitmenschen zu gute kommen.

Versteht um was es hier geht. Lernt richtig zu Leben und alle Mitmenschen, in Frieden leben zu lassen.

http://www.youtube.com/channel/UCl40RUigZtJg9Wcyoyg79kA/playlists?sort=dd&view=1&shelf_id=1

Nicht jedes Video, nicht jeder Link und auch nicht jede Musik Inhalte, sind gleich mein Favorit, es gibt Stellen, da stimme ich dem nicht überein, wenn es nämlich zu extrem wird.

Ich möchte nur allgemein viele Beiträge und vorhandenes Material, das ich meist zufällig gefunden habe, da ich zuvor nach einem anderen Video gesucht habe und dieses dann auch der Leiste als weitere Vorschlagsvideos erhalten habe.

Jeder soll sich selbst seine eigene Meinung bilden, deshalb filter ich auch nichts aus, was ich so alles finde.

Denn wichtig ist so wieso das nicht alles und alle gleich sind, ganz egal ob es jetzt um Berufssparten, um Religionen, um Nationen, um Länder, um Herkunftsorte, um Hobbys, um Anischten und Meinungen geht.

Es gibt überall gutes und nicht so gutes und auch Dinge die dem System ziemlich arg beisetzen und es tagtäglich gefährden. Vor allem auf diese Gefahren möchte ich aufmerksam machen, Wissen ist besser, als nicht wissen, denn so kann man sich vorbereiten, wie genau man sich darauf vorbereiten möchte, ist die Entscheidung jedes einzelnen Mitmenschen.

Ich möchte vieles klar- und darstellen, um vielleicht auch die zukünftigen Geschehnisse zu mildern. Falls es zu schlechten und schlimmen Geschehnissen kommen sollte, vieles deutet, leider darauf hin.

Die von mir zufällig gefundenen Videos, die empfohlen, bei mir drinnen stehen, widerspiegeln, nicht immer oder nicht vollständig, meine Meinung. Diese empfohlenen Videos, finde ich persönlich einfach nur überaus interessant. Ich möchte ein möglichst großes Spektrum abdecken, damit sich dann jeder frei, unabhängig und unter verschiedenen Quellen informieren kann. Vieles ist Meinung- und Ansichtssache, dies muss jeder/jede, jeweils für sich selbst entscheiden, was er/sie mag, wie sehr er/sie es mag, warum er/sie es mag und so weiter. Das einzige was mir dabei sehr wichtig ist, das jeder/jede, einzelne von uns, immer friedlich bleibt, seine Ansichten/Meinungen aber auch unbedingt begründen kann und nicht blind und dumm, nur nach redet, aber auch nicht auf Hetze, Neid, Leid und Aggressionserzeugung eingeht.

Bei bestimmten Dingen stimme ich zu, bei anderen eher nicht (weniger) und andere Sachen finde ich absurd und stimme hierbei somit gar nicht zu, aber es ist jedoch meine Absicht, viele Informationen, Beiträge und Unterhaltungen mit einzubauen, das jeder sich selbst eine (friedliche) Meinungen und Ansicht auf- und ausbauen kann, um somit dann besser mitfühlen, einfühlen und mitdenken zu können.

Es wird schon seit Anbeginn der Geschichte, gespalten, gehetzt, verhetzt und mit Fingern auf andere gezeigt, wie schon gesagt das schlimmste wird auch immer wieder getan: Es wird verallgemeinert.

Wichtig:

Wir sollen voreinander Angst haben (durch geschehene Geschichte, durch Medien und so weiter) oder zumindest abgeneigt sein, wir sollen Vorurteile haben und leider haben wir, zumindest die meisten Mitmenschen diese Vorurteile auch. Wir sollen uns nicht mehr Vertrauen, auf einander eingehen und zu gehen. Dies kann alles aber nur erreicht werden, wenn wir alle oder zu viele darauf eingehen.

Wir sollen uns lieber ablenken lassen, bevor wir auf die Natur, Umwelt, das System, das Weltgeschehen, Astronomie, die Wirtschaft und unseren Mitmenschen mit- und einfühlen (vor allem aber auch komplexer denkend) eingehen und zuwenden.

Informiert und bildet Euch selbst ausreichend, wenn Ihr dann Euer Wissen aufgebaut habt, lenkt Euch wieder ab, macht was lustiges und so weiter, die Hauptsache ist Ihr wisst alle was los ist.

Vielen Dank.

https://plus.google.com/106648910255060245433/posts

Motto
Ich bin ich und kein anderer, freier Denker und bilde mir meine eigene Meinung, tut es mir gleich und das Klima auf der Erde, die nicht uns gehört verbessert sich. Nicht nur das Wetter Klima, sondern auch das soziale, mitfühlende und umweltbewusste Klima. Es gibt mehrere Klima-Eigenschaften. Glück und Wohlergehen liegt weniger an Profit, Macht, Stärke und Selbstbewusstsein, sondern an äußerlichen Einflüssen. Luft, Wasser, Friede, Zusammenhalt, Verständnis, Mitgefühl und noch weiteren unsichtbaren, aber fühlbaren Werten. Jeder soll profitieren und die Natur soll vor allem profitieren und uns allen, auch denen, die nach uns kommen erhalten bleiben, diese Erhaltung wird aber nicht durch Pestizide und weitere Gifte erreicht, diese zögern die vollständige Zerstörung, des Natur-/Ökosystems nur etwas weiter hinaus. Formung ist negativ, alles soll sich frei formen und entwickeln können. All Things goes good and right with a littel Bit More thinking on our Nature and the whole planet. Is very helpfull to take and do Things from Buddhismus. We can feel it, for us alone, but when more peoples do the well going and helpfull Things, from Buddhismus, more peoples can feel Great, nice, helpfull and can do it, together good Things. So this would take us above and we can learn very lot.

Dies und Das

Wer weiß alles was wichtig ist und wichtig wird. Fühlt Ihr Euch gut gebildet nach der Schule? Ich sage ganz klar: Sehr viel Wissen wurde uns allen vorenthalten, aber wen kümmert das? Derzeit leider immer noch nicht genügenden. Von jedem Volk gibt es schlaue und nette, aber es sind eben leider nicht alle nett und/oder schlau. Schade das der Misst (Krieg, Hass, Gewalt, Neid und Hetze) immer wieder kehrt und bis heute, mit unsrem Wissen und intellektuell nie etwas daran verändert worden ist. Sinnvolle und nachhaltige Investitionen, also im den Ärmsten Länder, um den Hunger und Durst stoppen zu können und auch dort Vollbeschäftigung zu schaffen. Das heißt Reparateure, Ingenieure, Techniker, Fahrer und Lehrer/Ausbilder ausbilden und vor allem Technologie reinbringen. 1. Wasserreinigung's Anlagen / Wasserentsalzung's Anlagen 2. Ein flächendeckendes unterirdisches Wasserleutungskanalsystem und Strom/Internet/Glasfaser. 3. Windenergie, Solarenergie, Gehzeiten Kraftwerke, Magnetschwungräder, Staudämme und so weiter (siehe Alternative Energien und entdecke "Nicola Tesla" Forschungen und Entwicklungen). Schade das diese Technologien 1. nicht gebaut werden und 2. in die falschen Hände gefallen sind. Hoffe die Unterlagen sind nicht vernichtet worden, wie die wundervollen Bücher, (von den Aggressiven Hasserfüllten) im 1. und vor dem 2. Weltkriegen zerstört worden sind :-((Die "Tesla" Innovationen und Forschungen wollte ich in Händen sehen, die die Technologien in die Entwicklung nehmen und weltweit aufbauen und zur Verfügung stellen. Ich sag nur: "Thrive-Movement" schauen, gibt es in verschiedenen Sprachen, dieser Film ist überaus interessant, wichtig dabei ist das vieles Ansichtssache ist, aber umso wichtiger ist auch, das jeder einzelne viel neues erfährt, was einfach nicht geleugnet werden kann.

Das ist der aller beste Einstiegs Film, wenn es um lehrreiche, wichtige und interessante Themen geht. Sehe ich heute was alles möglich ist, also Smartphones, schnelles Internet (fast) überall, Solarenergie, Windenergie, Gezeitenkraftwerke und so weiter, dann bin ich persönlich Fest davon überzeugt, das es noch viel mehr dergleichen (noch viel besseren und fortschrittlicheren) Technologien gibt und zwar nicht erst in 10 bis 20 Jahren, sondern heute, also in 1 bis spätestens 3 Jahren (Fertigstellung/Bauzeit). Das wäre die neue Entwicklung für Reiche Konzerne wie "Apple", "Google" und "Facebook", das bringt Geld, weitere Felder (Streuung) und sehr dankbare Menschen (weltweit). Wir brauchen weltweit (vor allem, aber erst mal für die aller ärmsten) großartige, umweltschonende und langfristige Energieformen. An (kostengünstigeren) Nutzungsgebühren und Wartung für die Geräte zu alternativen Energien kann immer noch genug verdient werden. So können dergleichen Entwicklungen, Innovationen und Geräte, gemietet werden. Egal Hauptsache es bringt Arbeit, um die Arbeit gerecht auf zu teilen (weltweit und in den ärmsten Ländern) Arbeitet eben jeder zwischen 4 und 6 Stunden (bei 6 Std. für das gleiche Gehalt, wie bei 8 Std. Tage, zu je 5 Tagen mit 30 bis 40 Urlaubstagen). Das spart viel Geld, die alternativen Energien, schaffen Arbeit (Wartung und Aufbau), ist nachhaltig, möglichst umweltfreundlich und vor allem besteht keine Gefahr mehr vor

Atomaren Verseuchungen. Es wird noch viel geschehen, die Frage ist nur etwas gutes und das richtige oder das schlechte und falsche?

http://m.thrivemovement.com/#watch

http://www.tesla-info.de

http://www.teslasociety.ch/TES_DOKU/Manuskript%20von%20Benjamin%20Seiler%20-%20Nikola-Tesla-kosmische-Energie-im-ueberfluss.doc.pdf

http://de.m.wikipedia.org/wiki/Nikola_Tesla

http://www.teslasociety.ch/info/dominik/dominik.pdf

http://de.m.wikipedia.org/wiki/Wardenclyffe_Tower

Das alles ist nicht Abwägung und ich stufe es als wahr ein. Man sieht ja alles ganz genau wo wir heute wieder stehen und was alles in der Geschichte passiert ist. Das aller wichtigste ist jedoch: jeder entscheidet selbst was er davon hält und vor allem aber wird kein anderer für seine Einstellung und Meinung geächtet (denn: was wenn derjenige doch richtig liegt)? Ich habe so viele unabhängige Quellen gesehen umsegelnden und auch wenn evtl. einmal mehr oder weniger "angeblicher" Blödsinn darin zu sehen ist, gehe ich davon aus das zwischen 59 bis 70 Prozent dieser Informationen (im Durchschnitt) richtig und wahr sind. Vor allem das mit der "Freien Energie", dies ist schon möglich, die andere Frage dabei ist nur, ist die gewonnene Energie daraus, ausreichend genug ein Haus mit Strom zu versorgen, reicht es vielleicht für die Ladung eines Smartphones oder ist der Strom ganz einfach zu schwach oder fällt ab und zu aus oder bekommt nicht den richtigen Mix zwischen "Volt" und "Ah" her? Man kann ja forschen und probieren (so Spaß halber).

Kompetenzen:
Allgemeine Bildung und darüber hinaus gehendes wissen, durch eigenes Interesse und durch eigene Recherche. Bildung ist Brot, Geld, Wasser, Friede, Einfühlungsvermögen, Verständnis, Zusammenhalt, Weitsicht, Unabhängigkeit, Schlauheit (Intellektuell) und das beste was uns allen gegenseitig passieren kann,

um so mehr Mitmenschen die richtige Bildung und das richtige Wissen erfahren, desto besser für alle Mitmenschen weltweit.

https://www.youtube.com/watch?feature=player_embedded&v=1X9mY0r7heQ

https://www.youtube.com/watch?feature=player_embedded&v=6ID7rDSspdM

Mag erst mal absurd klingen, auch wenn bestimmte Dinge, sogar real nachvollzogen werden können. Aber was ist wenn davon etwas (mehr) stimmt. Wäre schon schlimm genug, wenn es mehr als 51-Prozent wahr ist. Wie auch immer, man sollte sich schon etwas mehr für das Weltgeschehen interessieren (vor allen Dingen wenn Zeit dafür da ist), aber das ist eben wichtig, da wir mit und in diesen Bedingungen alle gemeinsam leben.

https://www.youtube.com/watch?v=c3dxNgPf4Xo&feature=player_embedded

https://www.youtube.com/watch?v=BKroW4v1U3E&feature=player_embedded

Die von mir zufällig gefundenen Videos, die empfohlen, bei mir drinnen stehen, widerspiegeln, nicht immer oder nicht vollständig, meine Meinung. Diese empfohlenen Videos, finde ich persönlich einfach nur überaus interessant.

Ich möchte ein möglichst großes Spektrum abdecken, damit sich dann jeder frei, unabhängig und unter verschiedenen Quellen informieren kann. Vieles ist Meinung- und Ansichtssache, dies muss jeder/jede, jeweils für sich selbst entscheiden, was er/sie mag, wie sehr er/sie es mag, warum er/sie es mag und so weiter. Das einzige was mir dabei sehr wichtig ist, das jeder/jede, einzelne von uns, immer friedlich bleibt, seine Ansichten/Meinungen aber auch unbedingt begründen kann und nicht blind und dumm, nur nach redet, aber auch nicht auf Hetze, Neid, Leid und Aggressionserzeugung eingeht.

http://www.youtube.com/playlist?list=PLRGrd1djCrigZHyq7rOARjDMGdryPaOh0

http://www.youtube.com/playlist?list=PLRGrd1djCrihSqIZbu9kr-4N-thR1Aekk

https://www.youtube.com/watch?v=-SoKFycTmVU&feature=player_embedded

http://start.wirfinit.de/

https://www.youtube.com/watch?v=qf9KXsA9-aQ&feature=player_embedded

http://www.youtube.com/playlist?list=PLRGrd1djCrii1FdJHMTokfHaQFGSwAGUN

http://www.youtube.com/playlist?list=PLRGrd1djCrii5h3WYH7PI2iG6ykSzPi1h

https://www.youtube.com/watch?feature=player_embedded&v=tlytn2DebDg

Wenn die allermeisten, einmal verstehen würden und jeder wirklich Kompromiss bereit wäre, hier vor allem diejenigen, die wirklich mehr, als genug haben (beispielsweise alles über 50 Mio.), dann verfällt kein einziger, unserer Mitmenschen (weltweit) mehr in Trauer und wird depressiv, bekommt einen Seelischen Bruch und/oder eine Ausgebranntheit. Denn meiner Meinung nach, ist irgendwann (ab einer bestimmten Summe) wirklich genug Reichtum (Geld) bei einer Person oder Paar wenigen fest geklumpt. Wenn jemand viel zu reich ist, dann tut es allen anderen, normal arbeitenden, Armen und mittelständischen Mitmenschen sehr weh. Wir alle Leben in einer sehr merkwürdigen Welt, die den meisten Mitmenschen nicht gut, sondern weh tut. Leider fällt das den aller meisten gar nicht auf, (die meisten missachten die Situation einfach), obwohl sie selbst davon betroffen sind. Wer das nicht verstehen kann oder verstehen will, dem kann man natürlich auch nichts mehr erklären, aber jeder kann sich jederzeit ändern, dann können wir uns gegenseitig unterstützen, zusammenfinden, zusammenarbeiten und für das Gemeinwohl handeln, in dem jeder einzelne mehr profitiert. So viel Geld, das einige wenige haben (Top-Reichsten, 1.000 Personen und Top-Reicheren, 25.000 Personen), kann keiner ausgeben, soll heißen, es kommt sehr viel Geld gar nicht zirkulierend im Geld- und Wirtschaftskreislauf an. Was wiederum zu Verschuldung (bei den ärmsten, Armen, ärmeren, den Arbeitern und dem Mittelstand) führt. Diese dadurch resultierende höhere Verschuldung führt (zwangsläufig) zu Krisen, Crashs und Gewalt, über Hetze, Propaganda, Armut, falsche Politik und falsche Flagge. Es ist einfach nicht zu verleugnen, schaut Euch bitte mal die Geschichte etwas genauer an und erfährt wodurch etwas anderes ausgelöst wurde und somit auch immer noch heute wird.

http://www.youtube.com/playlist?list=PLRGrd1djCrii5h3WYH7PI2iG6ykSzPi1h

https://www.youtube.com/watch?feature=player_embedded&v=jv3f0mvEGEE

https://www.youtube.com/watch?feature=player_embedded&v=5Po9J0wYwvc

Nur noch traurig das einige immer noch so (blöde) denken. Mensch ist Mensch, alle sind von Grund auf, gleich viel wert. Das einzige womit man mehr wert werden könnte, ist wenn man das Gemeinwohl, für alle Mitmenschen, weltweit gleichermaßen steigert, mit seinem Wissen und/oder Geld und/oder Kunst (Musik, Bilder und Videos) und/oder seinen Schriften (Literatur). Es ist Zeit unbedingt umzudenken und alle Vorurteile wegzuwerfen, ein für alle mal. Wir müssen allesamt zusammenhalten, zusammenstehen, zusammen helfen/arbeiten (zusammen eigene Projekte und/oder Firmen gründen). Unbedingt somit auch das geschehene (die leider schon geschehene Geschichte) uns gegenseitig jeweils vergeben, um damit aufzuhören, immer so weiter zu machen und alles immer wieder von vorne zu wiederholen. Hier kann man sich nur noch ausklinken, wenn es nicht bald schon die allermeisten verstehen.

https://www.youtube.com/watch?feature=player_embedded&v=ur53WH0lblY

Man weiß es natürlich nie genau, was da alles so abgeht. Aber eins weiß ich: man müsste schon ein sehr gutes Selbstbewusstsein und viel zu viel Mut haben, sich gegen den Westen einzurichten, angriffe durch zu planen und zu machen. Es gibt ja auch noch viele Täuschungsmanöver in der Geschichte, die unter "Propaganda" und "Falsche Flagge" stattgefunden haben und noch stattfinden werden.

Fragt Euch mal warum die auf der einen Seite hungrig, durstig und arbeitslos sind und die anderen alle, die normal, aber dennoch sehr schwer, Tag für Tag arbeiten gehen, jeden Monat sehr knapp über die Runden kommen (z. B. Supporter, Elektriker, Postboten, Handwerker, Krankenpflegepersonal usw.). Hier fängt es doch schon an, da hilft auch kein Mindestlohn mehr weiter, denn hier müssen je nach Leistung und Berufsnotwendigkeit, mindestens 1.500 netto im Monat bezahlt werden, bis hoch auf 2.500 bis 3.000 netto. Die dringendsten Berufe sind nunmal Handwerker, Gebäudebauer, Gebäudereiniger (da sonst Viren ausbrechen), Kindergärtnerinnen, Krankenpflegerinnen und eben in diese Richtung gehend. Schade das man das noch nicht verstanden hat oder nicht verstehen will. Traden und Aktienspekulation ist doch eher was nebenberufliches oder womit man sich ein Polster anlegt und mit dem überdeckenden Geldern gutes tut. Selbst direkt vor Ort oder wenigstens den Vertrauenserweckendsten Spendenorganisationen etwas abgibt. Hoffe es gibt keinen Krieg, denn immer wenn das Geld so ungerecht verteilt ist, das die einen Mitmenschen und die Staaten (Regierungen/Staatspleiten) so viele Schulden haben das sie es niemals wieder zurückbezahlen können und die anderen so viel besitzen das sie es gar nicht mehr schaffen, nicht einmal nur zu 30-Prozent ihres gesamten Geldes/Vermögensstandes in den Geldkreislauf zurückzuführen, passiert etwas komisches. Hier haben einige noch vieles nicht verstanden, obwohl sie alle mit drinnen hängen, wir sind alle drinnen, blos die einen verstehen es, weil sie sehen und hören können und die anderen können es nicht, ignorieren es bewusst, (ver)leugnen es oder vielleicht gefällt ihnen das ja auch genauso, wenn es nicht fair zu geht. Oder seid ihr alle Superspekulanten, Rennautofahrer, Top-Schauspieler und Supersportstars?

So entstehen die Verwerfungen. Ungerechtigkeiten führen direkt dazu.

Ganz genau, also im Detail: Weiß man es natürlich nie genau, was da alles so abgeht. War es eine Fake-Nachricht, war es Propaganda, war es eine Verwechslung/Missverständnis oder war es eine Attacke unter "Falscher Flagge". Aber eins weiß ich: Hier läuft vieles ganz extrem in die Falsche Richtung. Man müsste also, als kleineres/eher schwächeres Land, schon ein sehr gutes Selbstbewusstsein und viel zu viel Mut haben, sich gegen den Westen angriffe durch zu planen und zu machen. Es gibt ja auch, wie oben schon erwähnt noch viele Täuschungsmanöver in der Geschichte, die unter "Propaganda" und "Falsche Flagge" stattgefunden haben und noch stattfinden werden.

https://www.youtube.com/watch?v=Frd3S6-oxDc&feature=player_embedded

Diejenigen die nicht mitmachen wollten, weil Sie Herz, Seele, Mitgefühl, Mitleid, Verstand und einen unsichtbaren, wortlosen und allgemein geltenden Bund mit allen Mitmenschen, weltweit eingegangen sind, wurde einfach dahingeschossen oder mit Drogen vollgepumpt und ab an die Front. Das was da passiert ist, war nicht normal und ich habe so die Befürchtung, den es kriselt auf der Welt verdächtigt, das die das noch einmal wiederholen möchten. Vieles was geschrieben steht, kann ein falscher Trip sein, es gibt jedoch auch vieles was stimmig ist, man sieht es in der Realität, wenn es viele nicht begreifen können oder begreifen wollen, heißt das noch lange nicht, das das nicht stimmt. Da muss man eben einmal seinen Stolz, seine Vorurteile und angezogene Erziehung ausblenden, um neutral beobachten und begutachten zu können.

https://www.youtube.com/watch?feature=player_embedded&v=u_eQlZwCye8

Man weiß es natürlich nie genau, was da alles so abgeht. Aber eins weiß ich: man müsste schon ein sehr gutes Selbstbewusstsein und viel zu viel Mut haben, sich gegen den Westen einzurichten, angriffe durch zu planen und zu machen. Es gibt ja auch noch viele Täuschungsmanöver in der Geschichte, die unter "Propaganda" und "Falsche Flagge" stattgefunden haben und noch stattfinden werden.

Fragt Euch mal warum die auf der einen Seite hungrig, durstig und arbeitslos sind und die anderen alle, die normal, aber dennoch sehr schwer, Tag für Tag arbeiten gehen, jeden Monat sehr knapp über die Runden kommen (z. B. Supporter, Elektriker, Postboten, Handwerker, Krankenpflegepersonal usw.). Hier fängt es doch schon an, da hilft auch kein Mindestlohn mehr weiter, denn hier müssen je nach Leistung und Berufsnotwendigkeit, mindestens 1.500 netto im Monat bezahlt werden, bis hoch auf 2.500 bis 3.000 netto. Die dringendsten Berufe sind nunmal Handwerker, Gebäudebauer, Gebäudereiniger (da sonst Viren ausbrechen), Kindergärtnerinnen, Krankenpflegerinnen und eben in diese Richtung gehend. Schade das man das noch nicht verstanden hat oder nicht verstehen will. Traden und Aktienspekulation ist doch eher was nebenberufliches oder womit man sich ein Polster anlegt und mit dem überdeckenden Geldern gutes tut. Selbst direkt vor Ort oder wenigstens den Vertrauenserweckendsten Spendenorganisationen etwas abgibt. Hoffe es gibt keinen Krieg, denn immer wenn das Geld so ungerecht verteilt ist, das die einen Mitmenschen und die Staaten (Regierungen/Staatspleiten) so viele Schulden haben das sie es niemals wieder zurückbezahlen können und die anderen so viel besitzen das sie es gar nicht mehr schaffen, nicht einmal nur zu 30-Prozent ihres gesamten Geldes/Vermögensstandes in den Geldkreislauf zurückzuführen, passiert etwas komisches. Hier haben einige noch vieles nicht verstanden, obwohl sie alle mit drinnen hängen, wir sind alle drinnen, blos die einen verstehen es, weil sie sehen und hören können und die anderen können es nicht, ignorieren es bewusst, (ver)leugnen es oder vielleicht gefällt ihnen das ja auch genauso, wenn es nicht fair zu geht. Oder seid ihr alle Superspekulanten, Rennautofahrer, Top-Schauspieler und Supersportstars?

So entstehen die Verwerfungen. Ungerechtigkeiten führen direkt dazu.

Ganz genau, also im Detail: Weiß man es natürlich nie genau, was da alles so abgeht. War es eine Fake-Nachricht, war es Propaganda, war es eine Verwechslung/Missverständnis oder war es eine Attacke unter "Falscher Flagge". Aber eins weiß ich: Hier läuft vieles ganz extrem in die Falsche Richtung. Man müsste also, als kleineres/eher schwächeres Land, schon ein sehr gutes Selbstbewusstsein und viel zu viel Mut haben, sich gegen den Westen angriffe durch zu planen und zu machen. Es gibt ja auch, wie oben schon erwähnt noch viele Täuschungsmanöver in der Geschichte, die unter "Propaganda" und "Falsche Flagge" stattgefunden haben und noch stattfinden werden.

https://www.youtube.com/watch?feature=player_embedded&v=u_eQlZwCye8

http://www.extremnews.com/nachrichten/natur-und-umwelt/afd113b8dba4f84

http://www.epochtimes.de/Wall-Street-Legende-Victor-Sperandeo-und-Edwin-Vieira-im-Interview-Fed-ist-verfassungswidrig-und-potenziell-extrem-korrupt-a1163317.html

Wichtig ist eine gewisse buddhistische Lebensart, also friedlich, mit-/einfühlend und zusammenarbeiten, zusammenhalten und gemeinsam gutes tun oder zumindest nichts mehr schlechtes. Entweder gutes tun oder neutral sein, gar nichts machen, das ist buddhistisch und wenn jeder gar nichts macht, außer auf sich und seine Natur, Umwelt achtet und nicht auf Hetze, Hass, Aggression, Propaganda und "Falsche Flagge" eingeht ist schon sehr viel getan. Obwohl friedliche, mit- und einfühlende Lebensweise überhaupt nicht viel Mühe und überhaupt keine Arbeitszeit erforderlich macht ist sie deshalb sehr einfach umzusetzen und zu Leben (zu praktizieren). Man muss nicht alle lieben und mögen, aber unbedingt wenigstens neutral sein und auch bleiben. Ich meine damit wirklich neutral, soll heißen seine Meinungen, Hobbys und Ansichten friedlich, mit- und einfühlend zu leben und diese zu vertreten, sehr wichtig ist deshalb, dies: Ohne den ganzen geschehenen Geschichte Misst immer wieder zu wiederholen.

https://www.youtube.com/watch?feature=player_embedded&v=ur53WH0lblY

http://www.youtube.com/watch?v=ZG09UxtoMZY&feature=youtu.be

Interessant. Aber muss/will man wirklich Milliardär werden? Ich finde nicht und ich würde das auch nicht wollen, weil ich genau wüsste woher es kommt, so reich zu sein. Millionär ist doch schon sehr erfreulich, also von 1 Mio. bis 11 Mio. reicht vollkommen. Eine nicht gerechte Verteilung beginnt, meiner Meinung nach, ab 20 Mio. bzw. (aller höchstens) 50 Mio. Euro, je nach dem wie das Geld verdient worden ist und ob damit auch etwas gutes gemacht wird. Aber das, was sich hier alles abspielt, nur noch übel. Es ist wichtig zu unterscheiden, von Fall zu Fall, woher das Geld kommt, wie derjenige lebt, ob er auch gutes tut, ehrlich und gerecht ist.

Alles und jeden über einen Kamm zu scheren, ist nicht in Ordnung und wird keinen von uns jemals weiterbringen und auch nicht weiterhelfen. Hört auf Euch Spalten, gegeneinander ausspielen und gegenseitig aufhetzen zu lassen. Das tut Euch nur Leid.

https://www.youtube.com/watch?feature=player_embedded&v=ur53WH0lblY

https://www.youtube.com/watch?feature=player_embedded&v=ybhe3xjHy1I

http://www.youtube.com/watch?v=ZG09UxtoMZY&feature=youtu.be

http://www.youtube.com/playlist?list=PLRGrd1djCriiYXw3_wzGtwAB1EqzCySkk

Wir haben gesehen was passiert, mit diesem Hass, der Aggression und dem aufspüren von guten (unschuldigen) Mitmenschen, die Minderheiten darstellen. Minderheiten, den schwächsten und all denjenigen die hilflos sind muss geholfen werden. Wird dies von jedem getan und tust du es auch, wird sich einiges (das meiste und hauptsächlich wichtigste) zum besseren wenden.

https://www.youtube.com/watch?v=1axhJuYHpAo&feature=player_embedded

Weniger Kluft (geringere Scherenausweitung zwischen arm und Superreich) = mehr Sicherheit (ohne Polizei und Zäune) = ohne Stress/Ängste = jeden ein gutes Leben lassen = viel weniger für Superreiche (ab 100 Mio. Euro) und weniger für Reiche (ab 50 Mio. Euro) = also mehr Steuer auf Gewinne etc. = Bürgergeld für alle, mindestens 1.100 Euro netto per Monat = Mindestgehalt, mit Bürgergeld 2.200 Euro netto pro Monat = netto/nicht brutto = weniger Diäten/Politiker-Gehälter = auch wieder mehr da für arme/die ärmsten Mitmenschen und Arbeiter/Angestellte. Ein Umdenken ist unbedingt erforderlich. Bildet Euch selbst. Glaubt nicht alles blind. Redet nicht stumpfsinnig den Misst nach, den Euch jemand anderes vorredet und/oder den ihr aus den angeblich nur seriösen und wahren Nachrichten (aus den Medien) erfährt.

https://www.youtube.com/watch?v=1axhJuYHpAo&feature=player_embedded

http://bilderundvideos.wirfinit.de/

http://wirfinit.de

https://www.youtube.com/watch?v=TcC-aB8whcA&feature=player_embedded

https://www.youtube.com/watch?v=qf9KXsA9-aQ&feature=player_embedded

Sonne = Energiequelle = Aufladen, laut Sciencefiction Filme und Spiel, ja auf jeden Fall, bei uns in der Realität, aber derzeit nur als Solarpanels/Solarenergie möglich. Freie Energie geht schon in diese Solartechnik Richtung, aber es könnte natürlich noch praktischer und freier sein.

https://www.youtube.com/watch?v=qf9KXsA9-aQ&feature=player_embedded

https://www.youtube.com/watch?v=y7_qS35LF74&feature=player_embedded

Sonne = Energiequelle = Aufladen, laut Sciencefiction Filme und Spiel, ja auf jeden Fall, bei uns in der Realität, aber derzeit nur als Solarpanels/Solarenergie möglich. Freie Energie geht schon in diese Solartechnik Richtung, aber es könnte natürlich noch praktischer und freier sein.

So viel Konsum ... !! Wie denn haben die so viel Geld? Glaube bestimmten Nachrichten gar nicht mehr. Und was zählt, ist doch, was sie kaufen, es ist nunmal ein Unterschied, ob ich Lebensmittel (die jeder braucht) oder Technik (CDs, Sticks, Software etc.) für unter 100,- oder etwas für über 10.000,- kaufe. Wenn die Einkaufen ohne Ende, bedeutet das gar nicht mal so viel. Das kleine Geld dreht sich im Kreislauf (zirkuliert), aber die großen Beträge Hängen fest, die haben sich im Geldkreislauf, irgendwo bei irgendwen fest geklumpt.

Was viel wichtiger ist, für jeden Mitmenschen, als ständiger Konsum, Reichtum, sonstiger Misst und Wachstum, um jeden Preis, (koste es was es wolle), ist die Natur/Umwelt, die ein jeder von uns, am dringendsten benötigt und Friede für alle Mitmenschen weltweit.

Das macht auf lange Sicht nicht glücklich, sondern traurig/deprimiert, weil ein jeder irgendwann nicht mehr kann. Die wegwerf Gesellschaft, zerstört das was wir dringender benötigen: Die Natur/Umwelt, die Atmosphäre und (zu viele) Tiere unter schlechten Bedingungen. Aber es ist uns aufgezwungen worden, ich bin genauso dabei und drinnen wie ihr (zumindest mehr oder weniger stark).

Wenn Ihr, warum auch immer wütend (aggressiv) seid, dann ist es wichtig zu unterscheiden dauernd aggressiv oder nur phasenweise bei bestimmten Geschehnissen etc. ... Dauerhaft Aggressiv bedeutet regelmäßig, am besten täglich 30 Minuten bis 1 Std. komplett abschalten, in einen Park gehen oder so, wo ihr viel grün sieht und möglichst wenige Mitmenschen, entweder kuckt ihr dann nur ins grüne, das entspannt oder ihr meditiert. Wenn ihr nur manchmal aggressiv seid, setzt euch während diesen Phasen oder möglichst schnell danach, auch in einen Park, schaut ins grüne und wenn ihr wollt meditiert dazu und macht noch zusätzlich Sport.

Damit ihr nichts falsches macht, unter Adrenalin und Aggressivität, denn das tut euch danach dann mehr oder weniger Leid.

http://www.youtube.com/playlist?list=PLRGrd1djCrii1FdJHMTokfHaQFGSwAGUN

https://www.youtube.com/watch?v=EwM1YtR-wYA&feature=player_embedded

Es gibt Informationen, Propaganda, Unterhaltung (lustige oder in die eine oder andere Richtung, extrem übertriebene) und viele verschiedene weitere Schriften, Musikstücke, Texte, Bilder und Videos. Diese können allesamt gefälscht sein (nicht immer wahr, denn unser heutiger Technik- und Wissensstand ist sehr weit entwickelt) und/oder rein, allein nur zur Unterhaltung (wie im Kino und Fernseher, für Spannung, Trauer, Action, also alles auf Emotionen basierendes), dienen, um bewusst oder unbewusst, im Unterbewusstsein einen Platz zu finden. Ganz egal ob nun im positiven oder negativen Sinn. Somit ist es wichtiger denn je, trennen und unterscheiden zu können. Vor allem aber sich nicht kränken zu lassen, aber auch nicht auf Hetze, Hass, Aggressionen, Verleumdung, Gewalt, Falsche Flagge, Propaganda und so weiter, eingehen. Wer weiß heut zu Tage schon noch ganz gewiss, die Wahrheit? Vor allem wenn sie/er nicht dabei gewesen ist, nur so könnten, rein theoretisch, alle Irrtümer und Falschmeldungen (falsch gesehenes) mehr oder weniger aus dem Weg geräumt werden. Denn jeder (bzw. die allermeisten) berichten meist mehr oder weniger einseitig. Die Frage ist worauf will derjenige hinaus? Auf Friede, Zusammenhalt, Zusammenarbeit, Mitgefühl und Einfühlungsvermögen, auf ein gutes Leben, weltweit für jeden, gleichermaßen oder auf etwas ganz anderes: Eher Hetze, Hass, Leid, Neid, Chaos und Aggressionen? Also unbedingt selbst mitdenken und (nach)recherchieren oder verstehen das vieles einfach nicht wahr sein kann, vor allem sehr viel, auch Unterhaltung darstellen soll, wie in einem Fernseh-/Kinofilm. Es ist oft schon, leider vieles Missverstanden worden. Also lieber zweimal denken und bei Unstimmigkeiten (nach)fragen, selbst recherchieren und informieren bei den verschiedensten Quellen, damit wir alle gemeinsam zusammenhalten, zusammenstehen und zusammenarbeiten können. Es ist an der Zeit, einen anderen, komplett neuen, vor allem friedlichen Weg, im Einklang mit der Natur/Umwelt/den Tieren und allen anderen Mitmenschen, weltweit gemeinsam zu gehen. So funktioniert es dann auch nachhaltig und langfristig.

https://www.youtube.com/watch?v=GMae01upExg&feature=player_embedded

Trauriges System. Vor allem für diejenigen die zuvor mindestens, mehr als 5-Jahre gearbeitet haben, um so älter man ist, und dann aus der Berufstätigkeit rausfliegt, desto mehr muss man Freibeträge und vor allem auch, trotzdem (zusätzlich) eine höhere staatliche Unterstützung. So zum Beispiel für jedes einzelne Berufsjahr kommen 5.000,- als Freibetrag hinzu und vor allem aber auch 300,- mehr/höhere staatliche Leistungen, als Höchstsatz, je nach dem wie viel man zuvor verdient hat. Mindestsatz: 1.100,- netto pro Monat, nach mindestens 5 Berufsjahren. Ansonsten je nach Verdienst, also immer 70-Prozent vom Verdienst und mindestens, 1.100,- netto pro Monat, wenn der Verdienst, zuvor geringer gewesen ist. Außerdem muss die Inflation gestoppt werden, und das schnell.

Es gibt Informationen, Propaganda, Unterhaltung (lustige oder in die eine oder andere Richtung, extrem übertriebene) und viele verschiedene weitere Schriften, Musikstücke, Texte, Bilder und Videos. Diese können allesamt gefälscht sein (nicht immer wahr, denn unser heutiger Technik- und Wissensstand ist sehr weit entwickelt) und/oder rein, allein nur zur Unterhaltung (wie im Kino und Fernseher, für Spannung, Trauer, Action, also alles auf Emotionen basierendes), dienen, um bewusst oder unbewusst, im Unterbewusstsein einen Platz zu finden. Ganz egal ob nun im positiven oder negativen Sinn. Somit ist es wichtiger denn je, trennen und unterscheiden zu können. Vor allem aber sich nicht kränken zu lassen, aber auch nicht auf Hetze, Hass, Aggressionen, Verleumdung, Gewalt, Falsche Flagge, Propaganda und so weiter, eingehen. Wer weiß heut zu Tage schon noch ganz gewiss, die Wahrheit? Vor allem wenn sie/er nicht dabei gewesen ist, nur so könnten, rein theoretisch, alle Irrtümer und Falschmeldungen (falsch gesehenes) mehr oder weniger aus dem Weg geräumt werden. Denn jeder (bzw. die allermeisten) berichten meist mehr oder weniger einseitig. Die Frage ist worauf will derjenige hinaus? Auf Friede, Zusammenhalt, Zusammenarbeit, Mitgefühl und Einfühlungsvermögen, auf ein gutes Leben, weltweit für jeden, gleichermaßen oder auf etwas ganz anderes: Eher Hetze, Hass, Leid, Neid, Chaos und Aggressionen? Also unbedingt selbst mitdenken und (nach)recherchieren oder verstehen das vieles einfach nicht wahr sein kann, vor allem sehr viel, auch Unterhaltung darstellen soll, wie in einem Fernseh-/Kinofilm. Es ist oft schon, leider vieles Missverstanden worden. Also lieber zweimal denken und bei Unstimmigkeiten (nach)fragen, selbst recherchieren und informieren bei den verschiedensten Quellen, damit wir alle gemeinsam zusammenhalten, zusammenstehen und zusammenarbeiten können. Es ist an der Zeit, einen anderen, komplett neuen, vor allem friedlichen Weg, im Einklang mit der Natur/Umwelt/den Tieren und allen anderen Mitmenschen, weltweit gemeinsam zu gehen. So funktioniert es dann auch nachhaltig und langfristig.

Sehr viele Missverständnisse entstehen und bestehen, leider immer wieder und immer noch, das sollte nicht so sein. Vor allem in der heutigen Zeit und unserer zivilisierten Welt. Das ist sehr traurig, wenn wir nicht umdenken, uns vergeben und über bestimmte Dinge, einfach drüber stehen. Denn Mensch ist und bleibt Mensch. Mitmenschen müssen aufeinander zugehen, debattieren, sprechen, gutes tun, lachen, spaßen und so weiter. Lasst die Hetze, den Hass, die Falschdeutungen und Missverständnisse einfach mal, für immer gut sein. Fragt (nach), recherchiert (nach) und lernt aus Euren eigenen Fehlern und aus den Fehlern in der gesamten (Menschheit's) Geschichte. Es ist Zeit, über bestimmte Aussagen, drüber zu stehen und zu verstehen, das erstens nicht alle gleich sind (gleichzusetzen sind) und zweitens, vieles überhaupt gar nicht (genau) so gemeint ist, wie es rüberkommt. Also habt Spaß und helft Euch gegenseitig (weiter), auch wenn jemand mal was sagt (schnell daherredet, ganz egal ob unabsichtlich oder absichtlich, überlegt oder unüberlegt), steht darüber und sprecht Euch aus, sagt das Euch, die getätigte Aussage nicht gefällt und ob das so oder anders gemeint war, aber redet darüber, sprecht Euch aus, wenn es Euch verletzt und/oder gedemütigt hat. Lernt zu verstehen, warum so etwas passiert und lernt vor allem auch zu vergeben,

vor allem (mehr oder weniger) dummen Worten. Ist sehr oft (fast immer) ganz anders gemeint, wie es bei anderen ankommt und die Einschalt-/Hörer-/Leserquote muss stark/steil erhöht werden.

http://www.youtube.com/watch?v=KlwjCb7-BWE&list=PLRGrd1djCrii1FdJHMTokfHaQFGSwAGUN&index=36

Wenn die Reichen und Superreichen in seine Ideen ("N. Tesla"), Forschungen und Entwicklungen investiert hätten oder sich jetzt umstellen, um darin zu investieren, dann wäre es so, das man diese Energieformen, immer noch verrechnen könnte. Außerdem schadet es dann nicht mehr der Natur/Umwelt, darüberhinaus Sparren sich alle Unternehmen ein Vielfaches an Energiekosten, dies bedeutet wiederum das diese Aktien stark ansteigen, außerdem können von diesem gesparten Geld, in mehr/neue Mitarbeiter und Maschinen investiert werden, auch höhere Löhne und/oder weniger Inflation wäre somit möglich. Warum, immer (noch) so weiter machen wie zuvor? Ist es nicht einmal langsam an der Zeit, sich gemeinsam, weltweit, weiter zu entwickeln und es sei einmal daran erinnert, Profit/Gewinn ist dann vor allem immer noch möglich oder wird sogar um ein Vielfaches nach oben hin gesteigert. Wenn auf Umwelt-/Naturschonend umgestellt wird, ist die Menge an der gesamten Weltbevölkerung auch erstmal egal und man kann evtl. mit 1- oder 2-Kind Politik beginnen, aber nicht mit Giften/Krieg usw. !! Schade, darum (um die Ideen) und schade um die Mitmenschen, Natur und Tiere! Man kann doch wirklich auch mal gemeinsam mit den Reichen und Superreichen Kompromisse eingehen und gute Ideen verbessern, ausreifen, umsetzen, entwickeln und einführen/nutzen. Sie profitieren ja, auch alle davon, stetig höhere Gewinne, realisiert in Frieden, ohne Ängste vor der Masse. Wird jeder so behandelt, das es für alle gleichermaßen fair und durchsichtig ist, wofür dann noch gepanzerte Wägen etc. !! Niemand müsste mehr voreinander beneiden und Ängste haben. Meine Meinung: Sie alle sollen ruhig reich und superreich sein, wenn es uns und den ärmsten/Armen/ärmeren (weltweit) auch gut geht. Der erste Schritt ist mehr alternative Energien, Kalte Fusion und am allerbesten (auch) freie (Raum)Energie (Teilchen nehmen Energie auf und können diese aufgenommene Energie, auch wieder abgeben/muss eben nur noch umgewandelt werden, jeder hat schon mal einen leichten elektrischen Schlag, von diesen Teilchen bekommen, außerdem gibt es ja auch, nachweißlich, da selbst von jedem genutzt: Sprachübertragung per Funk und Radiowellen, aber auch kabelloses Internet per Funk oder Router-"W-LAN". Schade das keiner bereit dazu ist, nicht mal dann, wenn die Ressourcen sich dem Ende zuneigen, eine gute Entwicklung zu finanzieren, zu unterstützen, voranzutreiben, zu entwickeln und zum (kostengünstigen) Verkauf zu stellen. Das sind wirklich die Wege, von denen jeder profitiert (reiche, reichere, Superreiche, arme, ärmere und die ärmsten, warum nicht einmal etwas komplett anderes/neues ausprobieren, das für uns alle, sehr erfolgsversprechend ist/wäre). Dadurch können/könnten jetzt aktuell, Wirtschaftskrisen und (größere) Verwerfungen verhindert werden.

Die aller meisten Mitmenschen, sind zum Glück, nicht so. Aber leider reichen schon sehr wenige von dieser Sorte und es passieren dergleichen Dinge, wie hier im unteren Video gezeigt. Viele begreifen schon immer oder begreifen es jetzt langsam.

https://www.youtube.com/watch?v=BDrnlSuJo6o&feature=player_embedded

Wenn die Reichen und Superreichen in seine Ideen ("N. Tesla"), Forschungen und Entwicklungen investiert hätten oder sich jetzt umstellen, um darin zu investieren, dann wäre es so, das man diese Energieformen, immer noch verrechnen könnte. Außerdem schadet es dann nicht mehr der Natur/Umwelt, darüberhinaus Sparren sich alle Unternehmen ein Vielfaches an Energiekosten, dies bedeutet wiederum das diese Aktien stark ansteigen, außerdem können von diesem gesparten Geld, in mehr/neue Mitarbeiter und Maschinen investiert werden, auch höhere Löhne und/oder weniger Inflation wäre somit möglich. Warum, immer (noch) so weiter machen wie zuvor? Ist es nicht einmal langsam an der Zeit, sich gemeinsam, weltweit, weiter zu entwickeln und es sei einmal daran erinnert, Profit/Gewinn ist dann vor allem immer noch möglich oder wird sogar um ein Vielfaches nach oben hin gesteigert. Wenn auf Umwelt-/Naturschonend umgestellt wird, ist die Menge an der gesamten Weltbevölkerung auch erstmal egal und man kann evtl. mit 1- oder 2-Kind Politik beginnen, aber nicht mit Giften/Krieg usw. !! Schade, darum (um die Ideen) und schade um die Mitmenschen, Natur und Tiere! Man kann doch wirklich auch mal gemeinsam mit den Reichen und Superreichen Kompromisse eingehen und gute Ideen verbessern, ausreifen, umsetzen, entwickeln und einführen/nutzen. Sie profitieren ja, auch alle davon, stetig höhere Gewinne, realisiert in Frieden, ohne Ängste vor der Masse. Wird jeder so behandelt, das es für alle gleichermaßen fair und durchsichtig ist, wofür dann noch gepanzerte Wägen etc. !! Niemand müsste mehr voreinander beneiden und Ängste haben. Meine Meinung: Sie alle sollen ruhig reich und superreich sein, wenn es uns und den ärmsten/Armen/ärmeren (weltweit) auch gut geht. Der erste Schritt ist mehr alternative Energien, Kalte Fusion und am allerbesten (auch) freie (Raum)Energie (Teilchen nehmen Energie auf und können diese aufgenommene Energie, auch wieder abgeben/muss eben nur noch umgewandelt werden, jeder hat schon mal einen leichten elektrischen Schlag, von diesen Teilchen bekommen, außerdem gibt es ja auch, nachweißlich, da selbst von jedem genutzt: Sprachübertragung per Funk und Radiowellen, aber auch kabelloses Internet per Funk oder Router-"W-LAN". Schade das keiner bereit dazu ist, nicht mal dann, wenn die Ressourcen sich dem Ende zuneigen, eine gute Entwicklung zu finanzieren, zu unterstützen, voranzutreiben, zu entwickeln und zum (kostengünstigen) Verkauf zu stellen. Das sind wirklich die Wege, von denen jeder profitiert (reiche, reichere, Superreiche, arme, ärmere und die ärmsten, warum nicht einmal etwas komplett anderes/neues ausprobieren, das für uns alle, sehr erfolgsversprechend ist/wäre). Dadurch können/könnten jetzt aktuell, Wirtschaftskrisen und (größere) Verwerfungen verhindert werden.

Die Geschichte leicht verpackt in einem Musik-Video, mit Untertitel. Bitte begreift und gibt die Unterhaltung auch weiter.

https://www.youtube.com/watch?v=Bdl6bVTaFkw&feature=player_embedded

Ich bemühe mich um wenig(er) Konsum, Verbrauch und Emissionen. Wenn ich auf der einen Seite beispielsweise gerne Bücher Lese und Technik mag, fahre ich kein eigenes Auto und schränke mich auch noch wo anders ein. Wäre mein Interesse/Hobby jetzt Autos und Auto fahren, konsumiere ich dann dafür wo anders weniger oder gar nichts mehr. Alles angepasst im Einklang mit Mitmenschen, Tieren, Natur und Umwelt. Also von allem, ein Mittelweg hilft nicht nur mir selbst und auch Dir weiter, sondern uns allen.

Freie, Umwelt-/Naturschonende und Ressourcen unabhängige Energie ist aus vielerlei Hinsicht möglich, ein paar Beispiele:

Teilchen sind voller Energie, können sich aufladen und Energie auch wieder abgeben (ein jeder von uns hat bestimmt schon einmal, den ein oder anderen elektrischen Schlag bekommen, vielleicht ein Paar wenige auch schon viel häufiger, als andere).

Außerdem möchte ich daran erinnern, das es Funknetze gibt die Sprache über Funkwellen übertragen (Handynetze, verschiedene Frequenzen), Radiowellen (ULW/FM usw.) ebenso für Sprache, W-LAN ist auch so eine Sache und es gibt noch mehr faszinierende Technik, die darauf hindeutet das freie Energie möglich ist. Ist halt nur gar nichts oder weniger verdient. Aber mit freier Energie, wird die Natur/Umwelt geschont, es gibt auch keine Ressourcen Verbrauch/Verschwendung mehr, keine Kriege und Machtkämpfe um diese Energien. Man sieht die Wahrheit auch daran, das erneuerbare Energieformen (wie Solarenergie), als Aktiengesellschaften des öfteren kaputt gemacht werden, in dem die Aktien erst einmal nach oben gekauft werden (mit hohen Geldsummen und Leverage/Hebelwirkung), Kleinanleger springen mit auf, kaufen die Aktien übereuert, die Fonds (vor allem Hedgefonds) kaufen noch einige Zeit weiter Aktien, um diese dann möglichst weit oben zu verkaufen und auch zeitgleich einen Leerverkauf zu tätigen. Also ist Solarenergie überhaupt nicht gewünscht, sondern es ist nur ein Spielball. Mit freier Energie, müsste keiner mehr sein Auto volltanken, keiner mehr sein Handy aufladen, keiner mehr Ressourcen kaufen und/oder verschwenden, also ist hier der entscheidende Punkt: es wird damit nicht genug verdient. In Wirklichkeit ist es jedoch so, das auch freie Energie, verrechnet werden könnte, über Steuer und Inflation etc.!! Also steckt viel mehr dahinter, warum das alles eben nicht umgesetzt, geplant, investiert und installiert wird, als ihr euch jeweils ausmalen und denken könnt. Die neuen Hetzparaden und gegeneinander aufhetzen und Mitmenschen gegenseitig Ausspielen hat am Freitag, den 13. Juni, (schon) wieder begonnen, es geht vor allem um Ressourcen die sich früher oder später dem Ende zuneigen. Wenn jemand hetzt und über andere Mitmenschen, hinter deren Rücken (ohne deren jeweiligen Anwesenheit) schlechtes über diese, nicht anwesende Person sagt,

kann ein jeder davon ausgehen, das mehr dahinter steckt, es gibt nur beispielsweise die nachfolgenden Gründe Mitmenschen schlecht und madig zu reden:

Neid (weil die Person schlau zu sein scheint oder aus anderen beneidenswerten Gründen), Eifersucht, man möchte gerne etwas mit dieser schlecht geerdeten Person zu tun haben (man traut sich aber nicht den ersten Schritt zu machen oder der erste Schritt wurde ab-/zurückgewiesen), einfach nur Planke Dummheit und noch weitere Gründe. Anmerkung: Jeder Mitmensch ist gleich viel wert und gleich schlau/intelligent, intellektuell, spirituell und so weiter, mit dem einzigen Unterschied, der eine nutzt seine Fähigkeiten mehr oder weniger aus und der andere, noch weniger oder gar nicht. Jeder hat auch andere Interessen und ist in seinem Interessen Gebiet jeweils gut informiert und intelligent. Also respektieren, von einander lernen, zusammenhalten, zusammenarbeiten und unbedingt lernen, das wenn die droben nichts verändern wollen, dann muss jeder einzelne von uns etwas an sich ändern um das Gemeinwohl zu steigern, es ist vollkommen ausreichend, als erster Schritt, in die richtige Richtung, von einander zu lernen und jedem Mitmenschen, der friedlich ist und das auch wirklich will, die Hand zu reichen, um gemeinsam weiter zu kommen, so entwickelt man sich und alle die dabei sind haben einen Gewinn, die volle Wirkung wird erreicht, wenn immer mehr Mitmenschen bereit dazu sind. Schaut Euch mal an warum die so viel Geld haben, nämlich durch Kapitalansammlung, also beispielsweise: "Privat Equity", "Hedgefonds", "Pensionsfonds", "Vereine", "Stiftungen" und "Aktien". Was jedoch traurig ist auch durch Ausbeutung, Volksverdummung und so weiter.

https://www.youtube.com/watch?feature=player_embedded&v=GMae01upExg

Wir müssen es endlich verstehen und schaffen, gemeinsam, zusammen weltweit, uns untereinander die Hand reichen, zusammenschließen und vor allem gute Kompromisse für alle Mitmenschen, weltweit finden, nicht nur, immer weiter, nur für (sehr) wenige ein schönes Leben schaffen, denn das führt zu diesen Katastrophen (Niedriglöhne, Krieg, Hass, Hetze, Falsche Flagge, weiteren üblen falschen Manipulationen und Medien), sondern für alle gleichermaßen oder zumindest alles mehr angepasst. Nicht mehr so Mega große Differenzen (Scheren).

Traurige Menschheit, das schlimmste ist, viele wollen es nicht einsehen (glauben). Warum auch immer, egal, so funktioniert es auf jedenfalls nicht.

https://www.youtube.com/watch?v=QUn9agnYDNg&feature=player_embedded

https://www.youtube.com/watch?v=BDrnlSuJo6o&feature=player_embedded

Das ist wichtig, das muss jeder gesehen haben, um frei denken zu können.

https://www.youtube.com/watch?feature=player_embedded&v=MtZ_qe7VKek

Doch es fällt etwas auf. So einiges, fällt auf. Aber eben nicht allen. Die Natur ist wunderschön und die (viel zu viel verbrauchen) zerstören sie derzeit. Damit meine ich vor allem Ressourcenverschwendung (beispielsweiße Auto fahren, bei über 11 Liter Verbrauch auf 100 Kilometer usw.). Ich weiß nicht was das für ein Mehrwert ist. Die aller meisten Mitmenschen, sind so etwas von uninteressiert und schieben ihre Wut, durch Propaganda und Medien erzeugt, anderen Mitmenschen aus anderen Ländern, Regionen, Orte, Religionen, mit anderen Ansichten und Meinungen (mögen die nun richtig oder falsch sein, richtig/falsch gibt es nicht, es gibt nur Hass, Hetze, Gewalt und Krieg). Verschiedene Ansichten und Meinungen sind sehr gut, nur eben Hass, Hetze, Gewalt und Krieg nicht. Wie es derzeit so aussieht, werden wir noch ewige Zeiten benötigen, bis es genügende Mitmenschen begreifen, um den Wandel, der für alle gleichermaßen gut ist, zu erfüllen und dies durch Kompromisse/Demokratie.

https://www.youtube.com/watch?feature=player_embedded&v=FkD85CLcUF8

Eine Anmerkung: Gibt es nicht auch gute, nette und/oder normale "Freimaurer", die Dinge tun und ihre Mitmenschen über Sachen informieren, die Geist, Seele beleben und aber auch sonst auf die ein oder andere Art im Leben (weiter) helfen? Meiner Meinung nach, ist das schon so. Täusche ich mich nicht, damit, das es sehr gute gibt? Es gibt doch immer und überall solche und solche. In jedem steckt gutes, nur haben es die schlechten "Freimaurer" verlernt gutes zu tun, denn mit guten Taten, würden sie und wir alle auch, gemeinsam viel weiter kommen. Aber wie erlernt man dies, mitzuteilen das Güte, Zusammenhalt, Zusammenarbeit und gegenseitig jedem gutes tun, viel besser ist, als negatives mit seinem Wissen, Geld und seiner Macht zu tun (also zu missbrauchen)?

https://www.youtube.com/watch?feature=player_embedded&v=FkD85CLcUF8

Gut erklärt, dargestellt und wunderschöne Bilder.

http://www.youtube.com/playlist?list=PLRGrd1djCriiveqH27Gis31xnSxPrVO86

http://www.youtube.com/playlist?list=PLRGrd1djCrigE6j2x1GrpruZJuVjmbxYJ

Besser sind keine schlechten Worte und so daher reden, aber das dahinter ist ok:

"Entweder gehört ihr zu denen dazu" ... oder:

"Ihr seid einfach nur dumm", ich würde sagen: nicht wissend, nicht interessiert (verschuldet oder unverschuldet blöd).

Aber ich mein ja nur, wenn man als Kind aufgewachsen ist und nie etwas anderes gesehen hat, dann muss man jeweils selbst (entscheiden und sich vor allem selbst entfalten =das ist sehr schwierig in unserer Ellbogen/Einheits Gesellschaft), sich für diese und weitere (andere) Tatsachen zu interessieren.

Ich denke das es auch noch viel mehr gibt, vor allem im spirituellen (Telepathie und so weiter) Sinne. Mit und im Einklang der Religion und so weiter. Religion ist also nicht widersprüchlich dazu.

Schon traurig wo wir hinrennen, nämlich in die komplett falsche Richtung.

Wir müssen komplett neu denken und uns auch komplett neu ausrichten, ohne Misst Ablenkung.

"Thrivemovement" ist und kommt sehr gut.

Wir alle (Mitmenschen) gehören zusammen, wir müssen zusammenhalten, zusammen helfen, zusammenarbeiten und informieren.

https://www.youtube.com/watch?v=FkD85CLcUF8&feature=player_embedded

http://www.youtube.com/playlist?list=PLRGrd1djCrii1FdJHMTokfHaQFGSwAGUN

Es ist schon merkwürdig.

Was können die Erwachsenen und Kinder dafür, warum werden sie angegriffen? In Palästina, Irak, Afghanistan, Syrien, Libyen und in anderen Ländern? Warum wird so viel Geld in Waffen investiert und nicht in alternative (saubere) Energieversorgungsmöglichkeiten? Das ist doch alles nicht mehr normal. Das muss schleunigst beendet werden, dieses Fehlverhalten, aber auch das Fehlinvestment. Schlimm ist es, wenn immer so weiter gemacht wird.

https://www.youtube.com/watch?feature=player_embedded&v=NsnQByBBUnI

Traurigste Aktion, unserer Geschichte, denn, der Hintergrund: Die großen werden subventioniert, obwohl diese bereits genug Geld haben (egal ob aus eigenen Beständen und/oder gesammelt von Kleinanlegern, über Aktien, Fonds, Hedgefonds und Privat-Equity), dann werden mit dem Geld Bauernhöfe billigst aufgekauft, um "Bio sheet" anzubauen. Durch Massenproduktion kommen mehr schlechte Ware in den Verkauf, zu den Endkunden, so etwas sollte es nicht geben. Jeder Bauernhof soll einzeln für sich frei handeln, um die Qualität hoch zu halten und um Höfe schließen zu können, falls es zu einem Lebensmittel Skandal kommen sollte, ohne das es einen schnellen und starken Angebotsrückgang gibt. Denn dies bedeutet viel höhere Preise und wir alle bekommen gar nicht mehr so viel, wie wir benötigen. Die einzelnen selbständig geführten Bauernhöfe müssen unbedingt jeweils einzeln stark subventioniert (kapitalisiert) werden, damit die Bauern frei bleiben und es auch wirklich Bio bleibt. Die Höfe können sich ja trotzdem noch zusammen schließen und untereinander helfen, um sich vor Preisabschwünge und Preisaufschwünge (aber auch Ernteausfälle) abzusichern. Diese Mitmenschen, aus Rumänien, sollten unbedingt gemeinsam ein "Joint-Venture" aufbauen oder eine "GmbH"/"AG" oder was auch immer, aber eben irgend etwas wo alle Beteiligten frei bleiben, für sich selbst arbeiten und vor allem die Nahrungsmittel Qualität auf wirklich hohem Level bleibt. So wird das nichts, wenn es immer nur ums schnelle Geld machen geht. Die zu sehr Geldgierigen und Bonzen, die auf viel zu vielen (übertrieben/unvorstellbaren vielen) Scheinen (also sagen wir einfach mal ab 50 Mio. Euro pro Bonzen Familie) hocken und nicht mindestens regelmäßig die Hälfte davon (50-Prozent) wieder in den Geldkreislauf zurückgeben, damit das Geld zirkuliert und die Wirtschaft somit wieder funktioniert, gehen den falschen Weg. So entstehen Kriege und zwar Weltkriege, weil dieser ganze Misst weltweit und tagtäglich geschieht.

https://www.youtube.com/watch?v=LxlbfaJAOXA&feature=player_embedded

Nimmt in erster Linie niemanden etwas übel, denn er meint es meist gar nicht so, wie ihr es jeweils aufnimmt. Dies bezieht sich auf neutrale oder nette Worte, bei anderen Worten, entscheidet die jeweilige Situation und Gewalt muss natürlich schon als übel gedeutet werden.

www.ingramcontent.com/pod-product-compliance
Lightning Source LLC
Chambersburg PA
CBHW082302200526

45168CB00017B/2395